父母省心手册
让孩子顺利进入幼儿园

杨阅真　郭艳娜　任　超◎著

中国铁道出版社有限公司
CHINA RAILWAY PUBLISHING HOUSE CO., LTD.

图书在版编目（CIP）数据

父母省心手册：让孩子顺利进入幼儿园 / 杨阅真，郭艳娜，任超著 . -- 北京：中国铁道出版社有限公司，2025. 5. -- ISBN 978-7-113-32010-2

Ⅰ. G781-62

中国国家版本馆 CIP 数据核字第 2025G8Y379 号

书　　名：父母省心手册：让孩子顺利进入幼儿园
FUMU SHENGXIN SHOUCE：RANG HAIZI SHUNLI JINRU YOUERYUAN

作　　者：杨阅真　郭艳娜　任　超

责任编辑：巨　凤	电话：（010）83545974	
封面设计：宿　萌		
责任校对：刘　畅		
责任印制：赵星辰		

出版发行：中国铁道出版社有限公司（100054，北京市西城区右安门西街 8 号）
网　　址：https://www.tdpress.com
印　　刷：天津嘉恒印务有限公司
版　　次：2025 年 5 月第 1 版　2025 年 5 月第 1 次印刷
开　　本：880 mm×1 230 mm　1/32　印张：6　字数：120 千
书　　号：ISBN 978-7-113-32010-2
定　　价：59.00 元

版权所有　侵权必究

凡购买铁道版图书，如有印制质量问题，请与本社读者服务部联系调换。
联系电话：（010）51873174，打击盗版举报电话：（010）63549461

前言

这本书的诞生，源于我们三位作者多年来与家长们共同走过的育儿之路的感悟，也源于我们对于家长们在孩子幼儿园入园这一关键节点上所面临的困惑与焦虑的深刻理解。

对于新手妈妈来说，孩子的成长之路每一步都充满了未知与挑战，孩子们需要适应，家长们同样需要准备。"入园"这两个字看似简单，却承载着无数家庭的期待与忧虑，是孩子从家庭小天地迈向社会大舞台的重要一步。家长虽然知道入园衔接的重要性，但苦于工作繁忙或经验不足，往往对如何帮助孩子顺利过渡感到迷茫。

在累计一对一接触到了5000多个0～6岁婴幼儿的家庭、为2000多个家庭提供了长期的育儿指导服务、为数百个家庭提供了入园指导工作后，我们发现，孩子越小，其家长可获得信息的渠道就越少——在孩子0～3岁期间，大部分家长关注重心在吃喝拉撒等日常生活方面，很少能有家长为孩子的未来做长远的规划和提前的打算——这跟家长们为孩子一年级入学早做准备形成了相当大的反差。

市面上不乏关于孩子入园的绘本和指导用书,这些书都是从"孩子入园如果不适应会出现什么样的问题"的角度来写的,真正从家长角度出发,提供全面、实用、可操作性强的入园指南寥寥无几。相较于该现状,我们以为:入园更像是0~3岁孩子能力的验金石。无论是能力准备、心理适应还是社会化角色的转变,如果家长能针对孩子的成长发展特性早做准备,"无痛"入园并不是一件难事儿,只是大部分家长没有意识到这一点。无论是从准备工作的时长还是程度上,家长都无法真真实实地帮助到孩子,所以孩子入园哭闹的情况普遍没有解决。

因此,我和另外两位作者深感有必要将在一线服务家长过程中的所见所闻和所思所感,以及积累的丰富经验整理成书,与广大家长们分享。家长们可以把它当成指导用书逐章阅读,也可以当成工具书跳转到需要的地方直接寻找解决问题的方案。愿这本书成为家长们省心省力的好帮手,成为帮助孩子们快乐入园的好伙伴。也愿这本书成为家长们的安心之书,一起陪伴您和孩子度过幼儿成长中的每一个精彩瞬间。

杨阅真

2024年10月

引言　孩子入园，你准备好了吗

第1章　你写在脸上的心疼，都是孩子眼里的泪

1.1　孩子入园是一个过程，不是一场灾难 008

1.2　哭不只是情绪，还是一种求助的姿态 012

1.3　比孩子更需要适应和指导的可能是你 015

1.4　你最重要的角色是做好孩子的啦啦队 019

第2章　你提前做的准备，都是给孩子的支持

2.1　用小小的仪式感点亮孩子的重要时刻 025

　　2.1.1　入园是大事儿，你的重视要让孩子看得见 026

　　2.1.2　细碎的准备可视化，就是把重视可视化 029

　　2.1.3　仪式感没有统一标准，爱的表达才是核心 032

2.2　用日常生活的细节给孩子增强确定性 037

　　2.2.1　一日流程图形化，让孩子"拿着地图去旅行" 038

　　2.2.2　早起"仪式感"，奠定孩子一天的情绪基础 041

　　2.2.3　拒绝急匆匆出门，别让入园成为生活的唯一 048

2.3 用睡前的亲子时光把孩子的爱杯蓄满 053
　　2.3.1 哪怕只有10分钟，你在孩子就安心 054
　　2.3.2 爱不只是说出口，还要看得见摸得着 058
　　2.3.3 安全的依恋环境是孩子的能量加油站 060

第3章 你想不到的日常，都是孩子面临的挑战

3.1 吃喝拉撒，哪一件事儿都不小 065
　　3.1.1 挑食、等喂、吃得慢？三招轻松破局 066
　　3.1.2 总憋大便、尿裤子？这样应对避免尴尬 068
　　3.1.3 穿脱衣服自己搞定，一件一件按顺序 071

3.2 全勤宝宝不生病的智慧 075
　　3.2.1 认真洗手是预防疾病的关键 076
　　3.2.2 增强锻炼，提高身体免疫力 077
　　3.2.3 规律作息，保证足够的睡眠 079

3.3 听懂指令的核心是理解力在线 083
　　3.3.1 是孩子不听话，还是他听不懂 084
　　3.3.2 你说我做、你做我说，从一步指令开始 086
　　3.3.3 在游戏中建立规则，让孩子学会听指令 088

第4章 你期待的成长，都是孩子必备的能力

4.1 把分离焦虑变成口袋里的亲亲 093
　　4.1.1 安全感越足，孩子越容易满足 093

目录

  4.1.2 培养独立能力,让孩子适应分离时间 097

  4.1.3 给孩子准备个安抚物替你陪伴过渡期 100

4.2 让陌生的环境也能友好起来 103

  4.2.1 教会等待和分享,入园就有好朋友 104

  4.2.2 紧张害羞没关系,这样培养自信心 105

  4.2.3 不当孩子救世主,合作参与自己来 107

4.3 跟老师、同学融洽相处的秘密 110

  4.3.1 锻炼孩子清楚表达需求的能力 110

  4.3.2 教会孩子表达情绪的本领 112

  4.3.3 告诉孩子勇敢做自己 116

第 5 章 你忽视的力量,可能是孩子的成长助推器

5.1 上一辈人对孩子的偏爱用好了就是助力 121

  5.1.1 家庭成员步调一致先要做到这一点 122

  5.1.2 隔代抚养衔接入园有一关最难过 124

  5.1.3 把担心化为鼓励,才能正向影响孩子 126

5.2 丧偶式育儿可能并不全是爸爸的问题 128

  5.2.1 爸爸不是不想参与,只是不知道能做些什么 129

  5.2.2 像允许孩子犯错一样,也请允许爸爸犯错 132

  5.2.3 长时间加班出差,怎么才能不做隐形爸爸 133

5.3 手足之间的影响可能超乎了你的想象 136

  5.3.1 谁说老大就应该懂事儿,毕竟他才三岁 137

5.3.2　从战争到和平，每一步磨合都是成长..................138

5.3.3　用好榜样的力量，二孩三孩都好养..................140

第 6 章　你以为的问题，可能都不是问题

6.1　在家情绪稳定，入园阴晴不定，我的孩子怎么了..................145

6.2　孩子去了幼儿园居然学会说谎了，天哪，这可怎么办..................148

6.3　乖乖女也开始说脏话？究竟发生了什么..................152

6.4　一言不合就动手，是不是个坏宝宝..................155

6.5　越来越固执，这孩子完全不听劝..................158

第 7 章　家园共育，促进孩子更好的发展

7.1　你跟老师的互动方式就是在给孩子植入应对模式..................163

7.2　以共建的方式参与幼儿园生活，孩子会为你骄傲..................166

7.3　家庭和园所目标一致，是孩子成长的重要基石..................168

第 8 章　一键直达，200 种绘本让你的宝贝入园无忧

后　记

引言

孩子入园,你准备好了吗

成为母亲以后要面临很多的第一次，第一次把宝宝抱在怀里、第一次喂奶、第一次换尿布。随着孩子慢慢长大，母亲面临的欣喜和挑战会更多，孩子第一次自己站立、第一次学走路、第一次离开家去幼儿园……

<u>不管孩子是几岁，面对新问题的时候，你总是一个新手妈妈。</u>

所以我相信，针对孩子入园你一定也做了很多的功课，你不想看到自己的孩子站在幼儿园门口哭成小泪人儿，但似乎也没有什么好办法，毕竟身边的人告诉过你，"都是这么过来的，哭几天就不哭了。"

可是你知道吗，有很多孩子是不用哭着去上幼儿园的。他们在入园之前就对幼儿园有了很多的了解，知道在幼儿园会发生哪些事情，有哪些会是比较快乐的，哪些会是比较棘手的；知道在幼儿园会遇到哪些人，要如何跟他们相处；甚至，他们还知道万一遇到问题或者困难，该怎么求助……

就算是有一些对陌生环境的紧张和不愿跟爸爸妈妈分离的焦虑也没关系，爸爸妈妈的有效支持会让他们很快就安心下来，然后把注意力放在适应幼儿园的新生活上。甚至有些孩子不仅能照顾好自己，还能帮助老师安抚其他小朋友！

同样都是三岁的孩子，同样都是第一次入园，差距为什么会这么大呢？原因很简单，这些孩子的爸爸妈妈提前为他们做了心理建设和能力储备，就像带了地图去旅行的孩子，自然比一头雾水出门去的孩子更能迅速融入新环境。

如果你也想知道你的孩子是不是已经做好了入园准备，以下这个简单的测试表可以帮助你做一个基本的判断（只需要回答是或否）：

（1）孩子是否能自主进餐【　】

（2）孩子是否挑食【　】

（3）孩子是否可以自主喝水【　】

（4）孩子是否能独立午睡【　】

（5）孩子是否能够在成人协助下穿脱衣服【　】

（6）孩子是否能够自主洗手【　】

（7）孩子是否能自主如厕【　】

（8）孩子是否能用语言清楚表达自己的需求【　】

（9）孩子是否能恰当地表达自己的情绪【　】

（10）孩子是否能接受妈妈的离开【　】

（11）孩子是否有依恋物【　】

（12）当孩子的需求不能被马上满足时，是否容易被安抚【　】

（13）孩子是否能听懂老师的指令【　】

（14）孩子是否一言不合就哭闹，还不易安抚【　】

（15）孩子被侵犯时，是否知道用手去阻挡或者语言求助【　】

（16）孩子是否愿意跟其他小朋友分享自己的东西【　】

（17）孩子是否会遵守共同制定的规则【　】

（18）孩子是否可以进行简单的交流【　】

（19）孩子是否能快速适应新的环境【　】

（20）在成人的帮助下，孩子是否能和其他小朋友做简单合作【　】

以上问题中，（1）~（7）涉及的是孩子的生理适应能力；（8）~（14）测试的是孩子的心理适应能力，（15）~（20）考查的是孩子的社会适应能力。

如果你的回答中，比较理想的情况占半数以上，那么恭喜你，孩子入园的难度不会太大；如果大部分问题的答案都不太理想，那么就要注意了，孩子哭着适应幼儿园就是必经之路。

不过别紧张，如果你还不知道怎么做也没关系，本书会帮助你，用孩子听得懂的方式完成入园的所有准备。

相比于理论性更强的指导用书，本书不是要告诉你问题是什么，而是侧重如何解决问题，通过大量的实践经验、丰富的成功案例、落地的实操方法，为你提供实用、可靠的工具，让你能够在孩子入园的过程中，以一种温暖而坚定的态度，引导孩子迈出自信的第一步。

我们现在就开始吧！

第 1 章

你写在脸上的心疼,都是孩子眼里的泪

不知道你有没有经历或者看到过这样的场景：

入园的时候，妈妈带着孩子来到幼儿园，不停地向孩子交代各种注意事项，比如"要听老师的话""不要跟着陌生人走"等。孩子已经入园了，妈妈还伸着脖子往里头张望，不舍和担忧全都写在了脸上。

接园的时候，一见面妈妈先问："你今天在幼儿园玩得开心吗？""有没有小朋友欺负你？"那份急切和关心里，写满了无处安放的焦虑。

如果孩子哭闹着不愿入园，妈妈就更不安了。她可能会试图用"不要哭，妈妈在这里""再哭老师就不喜欢你了"之类的话语来安抚孩子的情绪，更是抓住一切机会向老师打听孩子在幼儿园的表现和适应情况……

妈妈担心孩子的适应能力和心理健康、害怕孩子在幼儿园会感到孤独和不安，这本无可厚非，可是孩子们并没有因为妈妈的担心而适应，反而更加黏人、入园难度也更大。

这是怎么回事儿呢？

<u>妈妈的情绪状态可能会影响到孩子的情绪调节能力和行为反应，婴幼儿尤其对妈妈负面情绪的表情比其他情绪表情的反应更强烈。</u>

早期认知发展专家 Arlene Walker Andrews 指出，即使四个月大的婴儿也能轻易地辨认妈妈的情绪表情。所以，<u>你是把担心写在了</u>

脸上，还是胸有成竹做好了陪伴孩子成长的准备，孩子都是能从你的情绪状态里感受到的。

想要孩子顺利入园，你需要先学会调整自己的心态和情绪，积极与老师合作、支持孩子的成长，这样才能给到孩子适当的关注和恰当的支持。

笔记栏

1.1 孩子入园是一个过程,不是一场灾难

每年的新生入园季,都是大型的灾难片现场:小朋友们死死拽着爸爸妈妈,哭着喊着不要去上幼儿园;家长们纵然有太多的不舍,依然得狠下心来把孩子塞给老师,然后快速逃走;教室里的哭声更是此起彼伏,不仅有看着别人哭自己也跟着嚎的宝宝,还有趁老师不注意就想出门找妈妈的孩子……

孩子入园绝对不只是送园的那一瞬间,如果你不知道孩子入园前后要经历哪些生理和心理的挑战,你就很难想象可以为他们提供什么样的帮助。

挑战 1:安全感不足,难以适应新环境

如果你的孩子比较怕黑、喜欢黏着家人,容易焦虑、紧张,退缩、显得孤僻,有时还会出现肚子疼、吃饭没胃口、头疼等各种身体的不舒服,去看医生又没有什么大碍的话,你要留意了,这可能是孩子安全感不足的表现。

对于许多孩子来说,离开熟悉的家庭环境和亲人,进入一个全新的环境是一个挑战,安全感不足会让他们表现出更多的依赖性。

挑战 2:独立性不强,很难建立自信心

在入园前,孩子需要掌握一些自我照顾的技能,如果穿衣、洗

第1章　你写在脸上的心疼，都是孩子眼里的泪

手、上厕所等日常活动都需要他人帮助才能完成，会导致孩子缺乏自信，需要更长的时间适应幼儿园生活，那孩子对家长的陪伴和关注也就更加渴望了。

家长需要关注孩子的独立性培养，帮助他们逐渐掌握自理能力，适应新环境，并鼓励他们自己完成任务。这些技能和习惯的培养有助于孩子逐渐形成独立性和自信心。

挑战3：社交能力不够，难以融入集体

在幼儿园中，孩子需要与同龄伙伴互动和合作。如果孩子不喜欢参加集体活动，不善于交流，也不懂得如何与别人建立良好的关系，很容易引起其他小朋友的误解和不满，也就更容易感到孤独和无助，难以融入集体生活。

帮助孩子掌握一定的社交能力，鼓励他们表达自己的想法和感受，让孩子有能力完成基本的社交，可以帮助他们更快地适应入园生活。

挑战4：情绪管理能力弱，很难面对困难

在入园过程中，孩子很容易遇到一些挫折和困难，学会如何管理和表达自己的情绪就变得非常重要。

但大多数孩子情绪管理能力不足，可能因为一些小事儿就大哭大闹，或者突然变得脾气暴躁。在面对挫折或者不顺心的事儿时，也更容易情绪失控，难以自我平复。这样的孩子，容易对自己的能力和价值产生怀疑，也常常会因为无法完成任务而表现出沮丧、失

落等消极情绪。

入园是对孩子的考验,但也是他们成长的机会。从家庭到园所,孩子会接触到更多的人和事物,要学习新的知识和技能,社交能力和自我能力也在全面提升。这些综合因素共同影响着孩子的入园适应期。

因此,哪怕孩子暂时还有诸多问题,也不要把入园当作一场灾难。了解孩子的年龄特征,结合他们即将面临的挑战,为孩子提供有针对性的解决办法,帮助孩子完成成长过渡期,你也可以做得很好。

故事帮帮忙:

美国作家凯文·亨克斯的《我好担心》是一本能帮助你了解入园前孩子心理活动的绘本,也是一本能让孩子在担心中慢慢安下心来的亲子读物。

娇气又敏感的鼠妹小莉说得最多的一句话就是"我好担心",大事儿担心、小事儿担心、不大不小的事儿也担心,更不用说上幼儿园了!

如果没有小朋友变得像我一样有黑眼眶怎么办?如果没有小朋友穿条纹的衣服怎么办?如果没有小朋友带布娃娃怎么办?如果老师故意找我麻烦怎么办?……

你看,小莉的担心具体而又深刻,真实地反映了孩子入园前的情绪变化和心理活动。

那问题是怎么解决的呢?是爸爸妈妈奶奶一直跟她讲"不要担心"吗?当然不是!

仔细观察小莉的状态你就会发现,尽管家人极力地在安慰,但并不能帮助孩子缓解任何的心理压力,小莉依旧惴惴不安地带着她的担心生活,直到她在伙伴身上发现,原来我们没有什么不同,原来问题是可以解决的!

亲子共读绘本一定不能只停留在文字表面,要去感受画面中小莉的神情状态,甚至可以和孩子模仿那个担心和害怕的样子,把担心具体化和形象化,让孩子看到每一个忧虑背后都有解决办法,这样才能真正帮助到孩子。

1.2　哭不只是情绪，还是一种求助的姿态

作为父母，你是不是最听不得孩子的哭声？尤其刚开始送园时，孩子每天的哭声就像一支尖锐的箭，直接刺入你的内心。你担心孩子是否适应新环境、是否会受到欺负、是否会因为分离而感到孤独和恐惧……

这种焦虑感可能会让你手足无措，甚至产生想要立刻带孩子回家的冲动；你也可能希望自己能替代孩子承受这份分离的痛苦；又或者，你试图通过责备或威胁来让孩子停止哭泣。

要小心，诸如"别的小朋友都不哭，你也要坚强""再哭就不来接你了""哭也没用，你长大了就得上幼儿园"……这些话千万不要轻易说出口。

如果把孩子的哭泣简单地归结为情绪的表达，你可能根本没有听懂孩子内心求助的声音，从而错失了陪伴他走出恐惧和不安的机会。

那该怎么做呢？

<u>细心观察，尝试分辨孩子的哭泣是因为对陌生环境的恐惧、对父母的依恋、社交能力的不足，还是生理需求未得到满足。</u>

以下几个问题可以帮助到你：

（1）"宝贝，妈妈感受到了你的伤心/委屈/害怕，你能告诉我是舍不得离开妈妈，还是害怕在幼儿园没有人照顾你呢？"

（2）"宝贝，你看起来很害怕，是担心妈妈离开后你会孤单，还是吃饭、上厕所这些事儿你有点搞不定？"

<u>如果孩子是因为进入到陌生环境而哭泣，他需要的是足够的安全感。</u>

你可以告诉他幼儿园是一个有趣的地方，有很多新朋友和好玩的玩具，同时坚定地传达一个信息：即使你不在这里，或者即使我们不在一起，爸爸妈妈也依然爱你，会一直在外面等你。这样可以减轻孩子的分离焦虑，帮助他们逐渐适应新环境。

<u>如果孩子是因为对父母的依恋而哭泣，你可以尝试与孩子进行简单的告别仪式，如一个拥抱、一个亲吻，或者一个特别的约定。</u>这样可以让孩子感受到你的关爱和支持，同时也能帮助他们逐渐建立独立意识。

<u>你还可以引导孩子学习如何表达自己的情感和需求。</u>例如，可以教孩子用简单的语言描述自己的感受，或者通过绘画、游戏等方式来表达情绪。这样不仅可以让孩子更好地表达自己的内心想法，还能提高他们的情感表达能力和自我认知能力。

需要注意的是，当你在探寻原因的时候，尽量不要一次给出太多的选项，这会让他们更加恐惧，二选一是一个比较不错的选择。

如果孩子表示都有也不要着急，可以直接告诉孩子："宝贝，很棒，这些问题都有也没关系，我们一个一个来面对，妈妈会一直陪伴你的。"

📖 故事帮帮忙：

有一本绘本可以帮助你更好地读懂孩子哭泣背后的心理语言，那就是文图作者为中川宏贵和长新太的《哭了》。

因为摔倒，哭了。因为吵架，哭了。因为挨骂，哭了。因为懊恼，哭了。因为迷路，哭了。因为高兴，哭了……

你永远都想不到，在小朋友那里，万事皆可哭。所以，哭泣只是一种情绪的表达，它并不代表孩子是失败的、是懦弱的，更不会因此而影响孩子的一生。

正视孩子的哭泣，在他们还没有能力表达、没有方法应对和处理的年龄，哭泣就是孩子对你最直接的求助姿态。看清孩子哭泣背后的意图，试着去理解他的感受，你会发现自己也有脆弱的时候，那正是你心底最柔软的爱呀！

用爱去连接孩子吧，而不是用标准和规则！

毕竟，菜刀切到手都不一定会哭的妈妈，可能会因为电视里一个小女孩的遭遇落泪呢！爱是人间最美的语言。

1.3 比孩子更需要适应和指导的可能是你

 故事帮帮忙：

我要先给你推荐一本绘本，利·霍布斯的《小猪菲奥娜的重要一天》，适用于小朋友开心兴奋、爸爸妈妈却心烦意乱的家庭。

没错儿，谁说入园焦虑的一定就是孩子？对于一部分适应性极强的孩子来说，要开始新的冒险了，高兴还来不及呢！你是爸爸妈妈哦，可别拖后腿哦！

你看，小朋友有那么多事儿要做，收拾房间、打扮自己、把装好的午饭放进新书包，还要给娃娃们开个会……

等等，等等，爸爸妈妈一脸沮丧是怎么回事儿？不知道女儿不在的这一天会怎么过？尽量让自己勇敢一点点啦！

哎哎哎，那个窗口爬上来的两个脑袋是怎么一回事儿？我还没有下课哦！我正在玩变变变的游戏，我还要给大家表演踢踏舞、芭蕾舞，还有还有，我还要画画，还要当园艺小组长……

当然，这一切结束的时候，我也很开心见到爸爸妈妈，这一天真是棒极了！明天又是美好的一天呢！

入园对孩子是一种考验，对家长的挑战一点儿都不亚于孩子呢。你有没有留意到，你的关注重心都放在孩子能不能适应新环境、会不会交到新朋友以及各种生活学习的衔接方面了。你知道作为一个新手妈妈，你也同样需要适应这个过程以及获得相应的指导吗？

越早开始寻求帮助，你面对孩子入园的时候就会越从容。

比如，你可以积极参加幼儿园组织的家长活动，类似家长会、亲子活动、开放日等，这样可以有更多的机会了解到园所的育儿理念、设施环境等情况，也会有更多跟其他家长沟通和交流的机会。当你知道把孩子托付于一个什么样的环境和团体的时候，能很好地帮助你减轻焦虑。

你也可以寻求亲朋好友的支持，跟他们分享你的焦虑情绪往往能得到他们的理解和安慰，同时也能从他们那里学习到一些实用的育儿经验。这种情感支持和经验分享也能很好地帮助到你。

但我更建议你通过自我学习和成长来获得支持。了解幼儿心理发展特点和教育方法等方面的知识有助于你更好地理解和支持孩子的成长，参加育儿讲座、阅读育儿书籍等方式可以提升你的育儿能力，从而更好地应对孩子入园带来的各种挑战。

当然别忘了，一定要跟园所的老师保持积极正向的沟通，及时了解孩子在幼儿园的生活和学习情况，以及听取老师针对孩子的个性特点提出的教育建议。这样会让老师对孩子有更多的关注，你也会更放心地将孩子交给老师照顾。

以上这些都可以让你在掌握信息的同时，从他人的经验中获得更多的支持和帮助，以便更好地为孩子的健康成长提供有力的保障。

当你能在适应过程中很好地获得支持，也就更容易相信你的孩子，也更愿意放手了。因为这虽然是孩子第一次面临如此大的挑战和体验，但也是他们走向独立、接触更广阔世界的开始。给他们足够的空间去探索、去学习，并不意味着你狠心或不负责任，而恰恰体现了你的勇敢和智慧。它们也会经由你跟孩子的互动，传达给你的宝贝。

除了以上寻求帮助的途径之外，下面这些方法也可以很好地帮助到你：

（1）保持冷静和耐心：你首先要相信，孩子遇到的只是阶段性问题，他需要足够的空间和时间去适应新环境。如果你跟孩子一样焦虑，或者比他还不耐烦，则会加重孩子的情绪负担。如果你能有意识地掌握一些方法，并保持耐心，是可以更好地帮助到你的孩子的。

（2）观察记录和分析：孩子的表情和动作往往能反映出他们的真实感受。入园期间，你可以观察并记录孩子哭泣的时间、地点、情境等信息，他的眼神、面部表情及体态姿势等反应程度，会让你逐渐掌握孩子哭泣的规律及走向，从而更准确地判断和理解他们的心理需求，并给予相应的支持。

（3）与孩子进行沟通：尝试与孩子进行简单的对话，了解他们的想法和需求；帮助孩子认识和理解各种情绪，让他们有能力使用哭泣之外的其他方式表达。对于年龄较小的孩子，你还可以通过肢体语言或简单的语言来与他们沟通。

总之，给孩子一个安全和宽松的环境，让孩子能自由地表达情绪和想法，不对孩子的情绪进行过度压制和忽视，是你通过学习可以为孩子提供的支持。而这个过程不只是在帮助孩子顺利入园，也是在以身作则示范给他们看，应该如何与他人建立良好的情感关系。

笔记栏

1.4 你最重要的角色是做好孩子的啦啦队

在孩子的成长过程中,父母会扮演很多角色,以满足孩子在不同阶段的不同需求。你有思考过在养育孩子的过程中,自己无意中承担了哪些角色和使命吗?

(1)照顾者:负责孩子的日常生活照料,包括饮食、睡眠、卫生等方面,确保孩子能够健康成长。

(2)教育者:孩子的第一任老师,负责传授孩子基本的生活技能、道德观念、价值观等,通过言传身教,引导孩子形成健全的人格和品质。

(3)引导者:在孩子面临选择和决策时,引导他们做出正确的判断,包括帮助孩子分析问题的利弊以及提供建议和意见。

(4)榜样:通过自己的言行,为孩子树立一个良好的榜样,让孩子学会尊重、诚实和善良等品质。

(5)情感支持者:在孩子面临情感困扰时给予他们关爱和支持,倾听孩子的心声,理解他们的感受,并帮助他们找到解决问题的方法。

(6)玩伴:与孩子一起玩游戏、做手工和看电影等,增进亲子关系,让孩子感受到家庭的温暖和关爱、享受快乐的童年时光。

但在现实生活中，大多数父母可能会在不自觉中扮演一些负面角色，这些角色可能会对孩子的成长产生不利影响。比如：

（1）批评者：这类父母可能过于关注孩子的缺点和不足，经常批评和指责孩子，让孩子感到自己不够好，缺乏自信心，甚至产生自我否定的心理。

（2）过度保护者：有些父母在孩子接触新事物或面临挑战时过度紧张和害怕，这会让孩子失去独立性和自主性，难以适应社会的变化。

（3）过度控制者：一些父母企图控制孩子的一切，包括他们的行为、思想和兴趣等。这会让孩子感到被束缚和限制，难以自由地表达自己的想法和需求。

（4）冷漠的旁观者：有些父母对孩子的需求和情感漠不关心，缺乏温暖和支持，让孩子感到孤独和无助，难以建立健康的情感联系。

（5）情绪化的父母：无法妥善处理自己情绪的父母可能会将负面情绪发泄到孩子身上。这让孩子感到恐惧和不安，影响他们的情绪稳定和心理健康。

（6）过度比较者：有些父母喜欢将自己的孩子与其他孩子进行比较，强调其他孩子的成就和优点。这会让孩子感到压力和焦虑，影响他们的自尊心和自我价值感。

成为这些负面角色并非父母的本意，但如果不加以注意和纠正，可能会对孩子的成长产生不利影响。毕竟，所有的孩子都希望父母无条件地爱自己。

而爱一定不是口头上的说教、过度的管控、无谓的担心或者强制的命令所能实现的。父母如果处在以上状态，会让孩子感受到与父母关系的不平等，从而难以真正体会到爱的温暖。

所以，请忘掉你作为父母的身份，把孩子当成一个独立的个体。就算站上人生舞台的他看起来是如此瘦小柔弱，也要相信他的人生之旅只能由自己去面对，你能做的只是在台下拼命鼓掌、摇旗呐喊！

这里，推荐一个新的角色身份：即成为孩子的啦啦队员，在他们面对生活中的挑战和困难时给予鼓励和支持。

你愿意成为孩子啦啦队员的那一刻，就是把孩子放在了台前、自己退在了幕后，孩子会感受到被尊重。这有助于让孩子建立积极的自我形象，并学会面对挫折和失败，也能更快地培养自信和独立的品格。

如果你担心这样会失去父母的权威而让孩子失控，其实大可不必。没有一个孩子的成长能脱离亲身体验。尊重和放手并不是置孩子于危险而不顾，而是让他在你的关注下亲历成长的坎坷和喜悦。因为有你的陪伴和鼓励、温暖和支持，孩子现在走过的每一步都会为他的未来积攒能力经验和心理能量。

未来，他也更加愿意跟你分享自己的成长和喜悦。

故事帮帮忙：

有这样一本绘本可以更好地帮助你理解啦啦队的力量，那就是滨田桂子所著的《幼儿园里我不哭》。

"不要不要，妈妈不要走！"主人公小亚入园后一边哭一边喊妈妈。可妈妈还是走了，只留下小亚在幼儿园。

幼儿园小朋友们都在用自己的方式安慰小亚，擦眼泪、给蛋糕、帮忙收鞋子、邀请玩玩具、送来晴天娃娃……但不行不行都不行，小亚依然号啕大哭！

最后，小亚是怎么停止哭泣的呢？你根本想不到，小亚因为下雨不能到外面玩而接着哭的时候，小春说："外面的雨正在和小亚的'眼泪雨'比赛呢！"

"我们来为小亚加油吧！""小亚的'眼泪雨'加油啊！不要输给天上的雨！"

就这样，在小朋友们的集体加油声中，小亚居然真的赢了！这个感觉太奇妙了，小亚也不哭了，就跟他从来没有哭过一样。

这本书，你一定要读给孩子听，你和孩子都会在这个过程中感受到啦啦队的神奇力量。

第2章

你提前做的准备，都是给孩子的支持

一旦入园筹备进入实战期，你就会发现就算已经寻求过各种帮助、掌握了一堆方法，但具体到孩子入园中每一个具体的场景和细节，所有的道理和方法似乎都不那么好用。

这到底是为什么呢？

<u>入园不是一个简单的场景切换，而是孩子从全家围着自己转的相对稳定而封闭的环境中第一次参与到相对正式且有秩序规则的社会活动中。</u>

作息时间不一样、生活习惯不一样、环境流程不一样……所有的变化集合在一起，挑战着孩子过去三年在认知、能力等方面的储备。

小到穿衣吃饭这种基本的生活自理能力，大到在集体生活中跟老师和小朋友的有效互动、自我表达，孩子在这个阶段面临的挑战远远超乎你的想象。

不过别着急，把入园前后孩子所要面临的困境拆解开来一一应对，想让孩子顺利衔接也没有想象中那么难。以下五个关键节点都是你能帮到孩子的时候！

2.1 用小小的仪式感点亮孩子的重要时刻

《小王子》中有这样一段话:"仪式是使某一天与其他日子不同,使某一时刻与其他时刻不同。"借助这些外在的、看得见的载体,人们得以用最直接的方式表达内心的情感,并获得相应的情感体验。

不管仪式感对于你来说意味着什么,对于孩子来说,这是一个能够明显识别出来的标志,代表着接下来的这件事或者这段日子跟以往会有不同。

仪式感在孩子的成长过程中具有重要的作用。它不仅可以引起孩子的注意和重视,帮助孩子更好地理解和接受生活中的转折点,还能帮助孩子建立对未来的期待和自信,从而减少他们面对新事物、新环境时的恐惧和焦虑。

<u>对于三岁的孩子来说,他们更喜欢简单、直观且有趣的仪式。</u>生日派对、新年庆祝、节日庆典等是常见的具有仪式感的时刻。日常一些小小的仪式,如晚餐前的洗手、睡前的故事时间等也能够引起他们的兴趣,让他们感受到被关注、被尊重和被爱护。

让我们一起看看,在面临入园这种第一次直面集体生活的重要转折点时,我们还可以通过哪些仪式感让孩子感受到家人的关爱和支持吧!

2.1.1 入园是大事儿，你的重视要让孩子看得见

入园可不是只有分离焦虑这么简单。孩子一天最主要的生活场景从家庭转移到了学校，代表着这个刚刚满三岁的小朋友每天会有八小时以上的时间要去面对全新的生活挑战。

就算我们在孩子入园前就已经做了很多准备工作，也未必会留意到要把过程展示给孩子看，让孩子知道我们对于他入园这件事的重视程度。

所以，无论孩子是不是已经在身体和能力方面有了一定提升，他依然无法想象那些他还没见过、没经历过的生活，也就不会在心理上对入园有相应的准备。所以，我们需要把事情的安排和详细过程呈现给孩子，这能更好地帮助他们建立对生活的掌控感。

（1）提前预告新角色：

孩子的成长是进行时，我们对他的爱和牵挂也是进行时。我们呈现的一定不是在等孩子入园的时候才开始重视这件事的，而是从选择幼儿园开始，就可以跟孩子实时地表达我们对这件事的关注。孩子会从我们的关注中看到和感受到家人的爱，并且慢慢适应自己新的身份和角色。比如：

"等你长到三岁就可以上幼儿园啦！我把附近的幼儿园都标出来了，我会带你一起去参观哦！"

"这所幼儿园离我们家很近诶，我们走路就可以到，回家的时

候还能一起捡树叶。"

"这所幼儿园的老师好热情,如果你在这个幼儿园上学,一定会得到很好的照顾的。"

"这所幼儿园的孩子们好开心呐,他们还有很棒的操场,有各种各样的玩具,你在这所幼儿园上学也一定会爱上这里的。"

"妈妈特别喜欢这所幼儿园,因为这所幼儿园的户外时间很多,下雨天你们都可以穿着雨鞋踩水坑,你一定会很开心的。"

……………

这种先了解再融入、把入园渗透在日常生活中的方式,会让孩子逐渐接受自己将要入园的角色和身份。

(2)预演关联新生活:

把入园的能力和孩子的能力做一个相关的匹配,让他们对幼儿园的生活有一种可预测性,也能让他们感觉到安全和稳定,让孩子更加安心和舒适。比如:

"你都已经可以双脚跳啦,太棒啦!那你在幼儿园就可以玩跳格子的游戏了!"

"你这么喜欢玩儿过家家,这可太好了,幼儿园会有各种各样的角落,让你扮演医生、收银员、老师、妈妈等角色,你一定会喜欢的!"

"白天妈妈去上班、你上幼儿园,晚上我们可以一起吃饭、散步、玩游戏……"

把我们在孩子入园过程中所做的努力可视化，让孩子一点点清晰他从家到幼儿园的过程。这种预演生活的方式，能让孩子感到被爱和尊重，也能帮助孩子更好地建立入园期待。

（3）随时鼓励和打气：

在孩子即将步入幼儿园这个全新的阶段时，我们的鼓励和支持是他们最坚实的后盾。

无论孩子对即将开始的新生活充满憧憬还是感到不安，一个鼓励的眼神、一个温暖的拥抱、一句肯定的话语，都能给他们带来巨大的安慰和勇气。

"我知道你可以做得很好。""我相信你会在幼儿园里交到很多新朋友，学会很多新东西。"这样的鼓励不仅能增强孩子的自信心，还能让他们感受到我们的重视和关爱。

无论多么小的进步或成就，对孩子来说都是里程碑，请不要吝啬我们的赞美和夸奖。我们的肯定和鼓励将是孩子前进的动力，让他们更加勇敢地面对未来的挑战。

故事帮帮忙：

《要上幼儿园啦！》讲述的是小女孩儿玛丽在入园前的一系列准备。从全家人对玛丽即将入园的关注，到一起帮她学习和适应幼儿园的规则，再到选择什么样的幼儿园、入园前应该进行怎样的心理准备……

每一个行动、每一句话，简直是手把手地在教你如何陪伴孩子度过入园前的准备期。

2.1.2 细碎的准备可视化，就是把重视可视化

孩子入园都需要准备哪些东西呢？你会自己完成这些准备，还是带着孩子一起来呢？

这个年龄段的孩子还不能通过语言去描述出他没有经历过的生活。那就让这些细致入微的准备在他的心里留下印记吧，当日后他看到当年的这些物品的时候，跟你在一起的时光都会填满他的思念、安抚他的情绪。

下面，请跟我一起来准备一个入园物品清单，然后跟孩子一项一项完成。

1. 证件照

在拍证件照之前，先把你自己的证件照找出来，然后讲给孩子听——拍照是你多大的时候，为什么要拍这张照片，是谁带你去拍的，当时你的状态是害怕的还是期待的、紧张的还是放松的，你是不是满意这张照片……

跟孩子约定拍照的时间、要穿的衣服、要梳的发型，以及拍照的时候如果有各种情绪，该怎么办，你会怎么帮助他。

然后一起去拍一张美美的入园照吧！

2. 姓名贴

根据不同的应用场景，姓名贴也有不同的形式。比如适用于衣服、床品、毛巾等的水洗标或刺绣贴，适用于水杯、蜡笔等的防水名字贴，或者适用于书本的光敏名字图章等。

在做孩子的姓名贴之前，可以先在家里营造使用姓名贴的场景，比如爸爸的、妈妈的、孩子的；熊熊的、兔兔的、小狗的。让孩子知道姓名贴是用来标识物品所有权的，他有权利使用或支配属于自己的物品。

姓名贴主要是用来在园所中区分孩子物品的，如果老师没有统一要求，你能用手缝或者手写的方式帮孩子搞定也没问题。

3. 小背包

从入园开始，孩子就有很多的私人物品了，比如备用衣服、备用鞋袜、玩具、书本等，所以为孩子选一个合适的书包非常重要。

除了要考虑孩子的喜好之外，材质的透气性是不是强、舒适性是不是好、是否容易造成过敏这些都是要考虑的。更重要的是安全性，不建议选有太多装饰物的书包。

通常情况下，<u>书包的宽度不要超过孩子身体的宽度，背上身之后书包的顶端要低于孩子的头部，底端要在腰以上10厘米左右的位置，即与下背部一样高即可</u>。这样能更好地保护孩子的骨骼发展。

如果用数据参考的话,中小班的孩子选择25厘米左右的书包比较适宜;中大班的孩子书包大小在32厘米左右较适宜。

买到书包以后,引导孩子学习整理书包也是非常必要的,哪些物品要放进书包,不同类别的东西要放在哪些位置。让孩子知道书包的正确使用方式。

至于小水壶、备用衣服、备用鞋袜、玩具、毛巾等,你都可以和孩子一起准备,然后告诉他为什么要带这些东西,它们在哪些时候可以帮助到他。

这些有仪式感的行为可以增强孩子的安全感和自信心,帮助他们更好地适应幼儿园的生活。

故事帮帮忙:

文图作者为萨米尔·瑟努斯、亨利·费尔纳的绘本《幼儿园的一天》非常适合孩子在入园前的亲子共读。

它不仅给孩子展示了在幼儿园会有做手工、搭积木、练舞蹈、听故事等丰富多彩的生活,还让宝贝看到拖拖拉拉的蜗牛、不爱吃菠菜的穿山甲、不肯睡午觉的萤火虫、想妈妈到流眼泪的鳄鱼等新入园的宝宝都是怎样在幼儿园完成过渡的。

没有准备好不要紧,状况百出也不怕,入园适应阶段我跟你一样,都需要慢慢来。

这本书最妙的一点是用昼伏夜出的蝙蝠宝宝来告诉孩子,

晚上是不需要上幼儿园的，这个时间可是跟爸爸妈妈在一起的时间哦。

千万别小看这个结尾，它能让孩子特别安心地知道，爸爸妈妈不是不要我了，他们把我送到幼儿园之后，还会接我回来的哦！

2.1.3 仪式感没有统一标准，爱的表达才是核心

入园是一个重要的里程碑，对于孩子和家长来说都是如此。然而，仪式感并没有一个统一的标准，每个家庭都可以用自己独特的方式来让这个特殊的时刻成为孩子成长中的重要一环。

你可以给孩子准备一份入园礼物，庆祝他有能力去面对更大的世界；你也可以跟孩子制作一本入园纪念册，记录下他的成长点滴和入园期待；你可以写下对孩子的祝福和期待，让他入园后能随时翻阅，感受到家人的陪伴和支持；你还可以邀请亲朋好友一起共创一个小型的庆祝活动，让孩子知道有很多人都在关心和鼓励他的成长。

无论哪种方式，核心只有一个，就是让孩子"看到"我们的爱，让孩子知道无论哪种情况，我们都会在他身边给予支持和鼓励。

如何用孩子听得懂的方式交流、不说而教地把我们学到的东西顺畅运用于跟孩子的日常生活中呢？我们可以把想跟孩子说的话，都放在这些故事里。

第 2 章　你提前做的准备，都是给孩子的支持

1. 建立入园自信

《你好，幼儿园》是一本画风超级可爱的绘本，特别适合在入园准备期陪伴孩子一起阅读。这本书用动物来做类比，把孩子的日常生活和幼儿园要学的本领无缝衔接在一起，唱歌、跳舞、搭积木、洗手、画画、打招呼……幼儿园的生活是不是也没有那么难呢？

当孩子知道你在日常陪伴他时所作的努力都是幼儿园生活的一部分时，孩子会很快爱上幼儿园呢！

除了亲子共读，你还可以带着孩子去考察意向幼儿园，积极参加幼儿园的开放日以及各种亲子活动，带他去看中班、大班的哥哥姐姐们放学后的活动，并把你在过程中看到、感受到的分享给孩子。

这个过程中会很好地帮助孩子建立入园的信心。

2. 完成入园准备

虽然上幼儿园是一件令人兴奋的事，但离开爸爸妈妈，难免还是有很多的失落。入园准备期，你可以跟孩子一起阅读《存起来的吻》。

斑马小奔参加夏令营之前，爸爸妈妈给他准备了很多东西，还将吻装进盒子，一同放进包里。这个过程不仅安抚了小奔第一次离家的情绪，还让他帮助其他小宝宝也度过了难熬的时期，并且交到了新朋友呢！

一起完成入园的准备工作,让孩子知道虽然爸爸妈妈不在身边,但爱会一直伴随他,这一点非常重要。这项工作在你得到入园通知以后就可以开始了。

先列一张清单,把孩子入园需要准备的事项都写上去,比如前面提到的证件照、姓名贴、小背包、备用衣服鞋袜等,再画上相应的图形,就可以让孩子也参与进来了。

"我们要先完成哪一项呀?""小书包你想要什么颜色的呀?"……每完成一项,就在后面打一个钩。"物品准备好了,我们也就准备好喽!"

3. 爱要大声表达

千万不要以为你尽心尽力在照顾孩子的成长,孩子就能感受到你的爱了。对于入园前后的孩子来说,大声地经常性地表达你对他的爱,不仅能让孩子感受到父母的关爱和支持,从而增强他们的安全感和信任感,还能让他们有机会学习和模仿父母的行为和情感表达方式,以及如何理解和回应他人的情感。

这对于他们未来的社交能力和情感智力的发展具有深远的意义。

如果实在不知道该怎么表达你对孩子的爱,《猜猜我有多爱你》这本绘本一定不要错过。它通过大栗色兔子和小栗色兔子逐渐升温的互动,把家人之间难以言说的情感形象地表达出来,简单、有趣,充满活力又回味悠长。

这是一本家喻户晓的绘本,被翻译成了 57 种语言,在全球销量超千万册。每天都有来自不同国家的孩子和家长们像大栗色兔子和小栗色兔子一样,互相表达着爱意。而这样一份亲子间的互动,也会让爱的表达成为你和孩子之间的小小仪式感,给孩子注入一份爱的勇气,增强孩子的自信心和认同感,为他日后独自面对生活打下坚实的基础。

除此之外,父母在仪式中的陪伴和互动也是非常重要的,这能够让孩子感受到安全和快乐。

例如<u>生日派对</u>:

你可以选择一个孩子喜欢的主题,如动物、卡通人物或超级英雄,使派对更具趣味性和互动性;定制个性化的邀请函,让孩子参与其中,并增加他们对派对的期待感;布置与主题相关的会场,使用如气球、彩旗等装饰物,以及主题相关的餐具和场景布置;准备一些适合三岁孩子参与的互动游戏;举行生日蛋糕切割仪式,让孩子在朋友和家人的陪伴下庆祝他们的特殊日子。

当然还有<u>新年和节日庆典</u>:

在新年或节日期间,与孩子一起装饰家里,如挂彩灯、贴窗花等;一起制作特别的节日食物或礼物,如包饺子、做饼干、写贺卡等;讲述节日的故事或传统,让孩子了解节日的意义和背后的文化。

就算是一些小小的<u>日常</u>,也可以借助仪式感帮助孩子更好地成长哦:

晚餐前的洗手仪式，让孩子明白饭前洗手的重要性；睡前的故事时间，通过讲故事帮助孩子放松并准备入睡；早晨的拥抱和问候，让孩子感受到父母的关爱和温暖……

笔记栏

2.2 用日常生活的细节给孩子增强确定性

"世界上唯一指向分离的爱,便是父母对子女的爱。"你终究会迎来放手,迎来目送孩子背影的那一刻。但在孩子刚刚踏上旅程的时候,你可以做的,除了目送还有很多。

《幼儿园教育指导纲要(试行)》中,对幼儿园孩子的教育内容做了基础的说明,具体内容有:

(1)建立良好的师生、同伴关系,让幼儿在集体生活中感到温暖,心情愉快,形成安全感、信赖感。

(2)与家长配合,根据幼儿的需要建立科学的生活常规。培养幼儿良好的饮食、睡眠、盥洗、排泄等生活习惯和生活自理能力。

(3)教育幼儿爱清洁、讲卫生,注意保持个人和生活场所的整洁和卫生。

(4)密切结合幼儿的生活进行安全、营养和保健教育,提高幼儿的自我保护意识和能力。

(5)开展丰富多彩的户外游戏和体育活动,培养幼儿参加体育活动的兴趣和习惯,增强体质,提高对环境的适应能力。

(6)用幼儿感兴趣的方式开发基本动作,提高动作的协调性、灵活性。

（7）在体育活动中，培养幼儿坚强、勇敢、不怕困难的意志品质和主动、乐观、合作的态度。

你会发现幼儿园里的很多内容不是只能在园所完成，孩子在幼儿园期间涉及的健康、语言、社会、科学、艺术等五大领域的学习，归根结底也是为了促进孩子情感、态度、能力、知识、技能等方面的发展，让他们未来更好地适应社会生活。

在孩子入园前后有针对性地做些准备，把学习日常化、生活学习化，就能帮助孩子降低离家入园的不适感，会让他们更好地融入幼儿园生活。

2.2.1 一日流程图形化，让孩子"拿着地图去旅行"

试想一下，如果你从来没有离开过自己的家乡，现在却要去到一座完全陌生的城市生活，在没有任何准备的情况下你被带上车又从车上被带下来。你不知道东南西北，也不知道会遇见谁，甚至你都不知道自己要去干嘛，然后直接被交到了一个陌生人的手里。虽然她热情地跟你打招呼、看起来笑眯眯的，也会紧紧地牵着你的手，但你身边连一点儿熟悉的元素都没有，你会不会有点恐慌？

没错，宝宝无痛入园非常重要的一个环节就是让孩子提前了解幼儿园的一日流程，如果你忽略了这个环节，孩子就会用拉着你、抱着你疯狂哭喊的样子表现她的恐慌，然后在日复一日的哭泣中战战兢兢地摸索幼儿园的规律，直到慢慢适应……

表面上看，这样也能适应幼儿园的生活，但强行被迫面对一个陌生环境的过程会让焦虑和恐惧住在孩子的心里，成为所谓"不幸的孩子用一生来治愈"的那些心结。

所以，用场景化的方式把孩子在幼儿园一天的生活呈现出来，让孩子对接下来的生活心里有数，会大大提高孩子入园的适应性。

一般情况下，幼儿园一日生活流程包括：接待幼儿入园、早操、有组织的集体活动或小组活动、间隙活动、自由游戏活动、进餐、睡眠、午点、晚间活动、盥洗、离园等。

虽然不同的园所有不同的特色，一日生活安排不尽相同，但基本的保育教育原则是一致的：在尊重学前儿童的情况下，促进孩子们的全面发展，既要面向全体，又要重视个别差异。

即便你不是很清楚幼儿园的一日流程，也不妨碍你带着孩子提前熟悉未来的生活。

故事帮帮忙：

《我爱幼儿园》这本绘本就完整地展示了一个孩子从面临入园到入园第一天的全过程，特别像一本小朋友上幼儿园的说明书。

故事的主人公叫莱昂，他马上就要上幼儿园了。虽然他已经长大了，都不穿纸尿裤了，但是面对入园，和我们身边的孩子一样，也有点紧张呢！开学的前一天晚上他起来了好几次，一会儿要喝杯水，一会儿要妈妈抱抱，一会儿要听磁带，一会儿要爸爸亲亲，所以开学的当天,他变成了起床困难户,妈妈叫好几次才能起来。

不过,这都不是最麻烦的,最麻烦的是当他到达幼儿园的时候,每个小朋友都被挂了一个小纸牌,看起来特别像商店里的标签。"难道他们想把我们卖掉?"这也太恐怖了吧!在班级里,莱昂还看到了更可怕的一幕:好多好多孩子在一起大哭,哭声就像警笛一般,好多好多家长在不停地安慰孩子……

从莱昂知道自己要上学开始,孩子的恐惧和想象就没有停下来过,但是随着幼儿园图景的一点一点展开,他是怎么见到老师的,又怎么跟爸爸妈妈分开,幼儿园期间都干了些什么、有哪些有趣的事儿,都在孩子的观察和感受中呈现了出来。

这本书完整地展现了孩子在幼儿园的一天,包括被妈妈接园的快乐和对"每天都要开学"的不解,但是从恐惧、害怕到慢慢喜欢上了幼儿园,喜欢上了那里的老师和同学,孩子被看见、被理解、被接纳的过程完整贴合了宝宝第一次入园时的心理活动。

《我爱幼儿园》适用于孩子入园前后全过程,根据孩子的年龄和即将面临的不同阶段,你可以跟孩子多次阅读,每次以一个细节为关注点。比如,随着莱昂的讲述去关注开学日都需要做什么呀,第一次上幼儿园小朋友为什么会哭呀,幼儿园都有哪些老师、哪些活动呀,在幼儿园可以做什么不可以做什么……

同龄人的感受和经历更能让小读者感同身受,你可以把这本绘本当成很好的工具,和孩子一起认识幼儿园,还可以搜集一些幼儿园的场景画面打印出来贴在家里的相应位置，然后跟孩子模拟幼儿园的场景和活动，让他们知道在幼儿园会发生什么，帮助孩子做好心理预设。

你也可以留意每年招生季幼儿园针对新生家长和孩子的开放日。带着孩子去心仪的幼儿园玩耍，让他熟悉从家到幼儿园的路线，把书里看过的情节一一对应在幼儿园的场景中。这些都可以很好地帮助到孩子。

这本书的扉页/备用书名页上还有个相当有趣的设计：在《我爱幼儿玩》的"玩"字上面打了个大大的"×"，然后改成《我爱幼儿园》。那它是代表了孩子语言的学习过程？孩子心理的变化成长？还是孩子故意的淘气行为？

一起跟你的宝贝来探讨吧！

2.2.2 早起"仪式感"，奠定孩子一天的情绪基础

Get up now（快点起床）

Get up now（快点起床）

Get up out of bed（立刻起床）

Wash your face（去洗脸）

Brush your teeth（去刷牙）

Comb your sleepy head（把你那一头乱发给我梳好）

Here's your clothes（这是你的衣服）

And your shoes（你的鞋子）

Hear the words I said（你有没有在听啊）

Get up now（快点起床）

Get up and make your bed（叠好你的被子）

Are you hot?（你热吗）

Are you cold?（你冷吗）

Are you wearing that?（你要这么穿吗）

……

这首《妈妈之歌》有没有真实地还原每天早上你喊宝贝起床的场景？

从起床开始，任你怎么喊、拖、拉、拽，宝贝前一秒坐起、后一秒倒下，等个10分钟依然缩在被窝里，眼睛都不睁。穿衣服吃饭洗脸刷牙就更不用说了，分分钟把你逼到原地爆炸，他还特别无辜……

在孩子刚刚入园的早上，家里的气氛一般都是比较紧张的，你说得最多的一句话就是"快点！"催促唠叨更是脱口而出。

以下列出了常见的起床场景，快来做个测试吧，看看你家的早起仪式是哪种类型。

1. 唠叨式

"宝贝起床啦！""快点起床啦！""快点快点，要不来不及了！""再不起真的要迟到了！"

如果你提前半小时就开始叫孩子起床,隔一会儿看看没起来叫一次、再叫一次,随着时间的推移,你的节奏和语气就开始升温了……

要留意了,你家的起床仪式可能是"唠叨式"的,它的杀伤力不大,但影响却不小。因为这个年龄段的孩子对时间还没有感知,他并不明白"快点"到底是什么意思,也不能理解"快点"和他要做的事之间有什么关系,只能从你催促他的语气中感知到事情的紧迫程度,然后采取不同的应对措施。

真正能让他行动起来的往往是这个过程的叠加影响。长此以往,他习惯了这种拉锯战式的沟通,后期对行动指令的执行度方面会大打折扣。

2. 吼叫式

"要迟到了,还不起!""再不起来,今天就别上学了!""叫了几遍都不动,你还上学吗?"

这种大嗓门直接威胁的暴力起床法对孩子的伤害性是最大的!这里我给大家推荐一本绘本《大嗓门妈妈》。

> 今天早上,妈妈冲着我大声吼叫,那声音——把我震得四分五裂。脑袋飞上了宇宙,身体掉进了海里,翅膀迷失在热带雨林里,嘴巴落到了山顶上,屁股湮没在嘈杂的城市里,只有双脚依然站在那里,然后开始不停地奔跑奔跑……

面对大嗓门的妈妈，尽管你并不知道小企鹅因为什么被吼，但从文字和图画中，你可以真实地感受到小企鹅战战兢兢的恐惧。

有些时候你可能是因为控制不住自己，有些时候可能真的就是因为简单粗暴好用，但是你知道狮吼功过后立马就安静下来的孩子，内心正在经历着什么吗？

这本书会让你看到吼叫式养育的后果，以及该如何在事后进行"弥补"，从而避免孩子因无法正确面对父母的情绪，在情感上觉得自己无依无靠，跟父母产生隔阂的情况。

3. 交易式

"宝贝快起来，妈妈给你最爱吃的三明治。""你现在马上起，周末就带你去吃炸鸡汉堡"……叫醒孩子全靠"哄"的方式你有没有用过？

从表面上看，交易式效果蛮不错的，会在短期内比较容易地达到让孩子起床的目的。殊不知，这个过程也教会了孩子在心里打小算盘：妈妈这是求着我起床，如果她不满足我的要求，我就……

只要交换的条件不能被满足，效果就很难维持下去。长此以往，<u>你期待的孩子能养成好习惯的情况不见得会出现，反而会形成一种不健康的心理，直接导致孩子主动性的降低</u>。

第2章　你提前做的准备，都是给孩子的支持

📖 故事帮帮忙：

绘本《吃掉你的豌豆》就完整展示了妈妈和宝宝的交易过程。

妈妈想让黛茜吃掉豌豆，所以拿冰激凌来交换，但是黛茜非常坚决，因为"我不爱吃豌豆"，不得已妈妈又增加了新的交换条件、不断地追加条件。"吃掉你的豌豆，就可以吃100个冰激凌，想什么时候睡觉就什么时候睡觉，想什么时候洗澡就什么时候洗澡，想什么时候干什么都随便，我还会给你买10辆崭新的自行车，再加两头宠物象，三匹斑马，一只企鹅，还有一座巧克力工厂。"

但黛茜不为所动，依然是"我不爱吃豌豆"。

如果你和孩子共读这本绘本，就能从画面中看到，一开始妈妈是占主导地位的，但是随着交换出去的条件越来越多，妈妈越变越小，这代表了她除了追加条件越来越无计可施，而黛茜的头越来越大，甚至溢出了画面……

后来怎么样了呢？黛茜吃掉她的豌豆了吗？

这本绘本一般是被当作食育绘本被推荐的，但是这本书里母女俩的心理较量，也是可以关注的重点哦。它能让你非常清晰地感受到跟孩子谈条件的交易式沟通，会让你在日后有多崩溃。

4. 掀被式

"怎么还没起？我不客气了啊！"你有没有在无计可施的时候使出最后一招撒手锏：一把掀开孩子被子，甚至掀开被子还不算，

还要把孩子直接拖起来。虽然也知道这样太粗暴了,但是快刀斩乱麻,也就不想那么多了……

要知道,<u>使用暴力方法强制孩子早起可能会对孩子的心理和行为产生负面影响</u>,包括但不限于如下:

(1)心理问题:孩子可能会感受到恐惧、焦虑、抑郁或愤怒等负面情绪,这些情绪可能会持续很长时间,并影响他们在学校和社交场合的表现;

(2)行为问题:孩子可能会出现反抗、反叛、攻击性或逃避行为等问题,这些问题可能会导致家庭关系紧张,甚至会引发法律问题;

(3)自尊心问题:孩子可能会因为被暴力对待而感到自卑、无助和无价值感,这会影响他们的自尊心和自信心;

(4)信任危机:孩子可能会失去对父母的信任和尊重,这会影响他们与父母之间的关系,并可能导致长期的情感问题。

这些后果会不会让你紧张?别着急,如果你知道为什么会发生这种情况,以及应该如何应对,就知道如何面对和解决了。

📖 故事帮帮忙:

一栋漂亮的房子里,住着妈妈和七个可爱的小捣蛋鬼。每个人一大早心情都不好,除了——妈妈!妈妈总是开开心心地第一个起床,轻轻地拉开窗帘,温柔地叫醒七个孩子,还给他们唱好听的歌。

"亲爱的小宝贝呦，快快起床啦。""小心肝呦，太阳都已经出来啦。"

妈妈帮小捣蛋们穿戴整齐，还在每个人的早餐麦片纸盒贴上亲手写的纸条，而且每天纸条上的内容都不一样。但小捣蛋们聚到一起后，不是边吃边做鬼脸，就是打得不可开交。

可是有一天，妈妈起来时心情很不好！

如果你担心自己做得不够好，《原来妈妈也有起床气》一定不要错过。在这本书里，你会发现就算是知道怎么做的妈妈，也会有情绪崩溃的时候，毕竟生活的琐碎都要应付，难免会有撑不住的时候。理解是相互的，暂时做不到一个轻松养育、游刃有余的妈妈也没关系，你能把这本书拿在手边，就已经在开始改变了。

5. 自然唤醒式

如果你知道睡眠有深浅，就不难观察到如果孩子是处在浅睡眠阶段，就很容易被叫醒，但孩子处于深睡眠阶段直接被叫醒，就会表现出各种起床气。

所以，叫醒孩子前可以先放几首好听的音乐，给孩子一个从深睡眠到浅睡眠再到彻底醒来的适应过程。还可以一边唤醒孩子，一边轻轻按摩或抚触手脚、腰背等身体部位，帮助孩子慢慢清醒。

当然，如果你们有专属的亲子时光就更好了，比如早起的互动游戏，或者亲子阅读时光，这些能让孩子对起床有更多的期待，从而远离起床拉锯战，远离糟糕的坏情绪。

📖 **故事帮帮忙：**

如果你愿意，跟着绘本《哈哈哈早上好》一起来打卡记录每天的造型吧，它会让你和孩子对每天的第一面都充满期待。

早上起床后，看到镜子中的自己，发出灵魂拷问：我的头发怎么睡成了这个样？一定是那群神秘小人儿昨晚又来了！

他们带我滑超级滑梯，参加花车游行，为我举办盛大的"呼噜呼噜"演唱会，但绝不会吵醒我！接着，他们派来造型师，给我设计最佳发型，还送来很多好吃的，让睡梦中的我忍不住口水直流……至于那歪歪扭扭的睡姿嘛，也是由专业设计师一手打造。当我早上醒来的时候……

2.2.3 拒绝急匆匆出门，别让入园成为生活的唯一

好了，不管你们家之前是哪种早起仪式感，给了孩子怎样的情绪基础，你都可以从现在开始，重新选择你喜欢或者愿意的方式。

毕竟，从孩子入园开始，你跟孩子的相处时间就只剩早晨和晚上了。入园是大事，但绝对不是生活的唯一，千万不要浪费难得的晨起时光，它可以帮助你的孩子建立很多认知和习惯。

1. 制定早起流程

📖 **故事帮帮忙：**

七点了，小熊们还在睡觉，闹钟一响，他们吓了一大跳。

第 2 章 你提前做的准备，都是给孩子的支持

五分钟的工夫，小熊哥哥和小熊妹妹又睡着了！

校车出发了，接小熊们上学。校车停了一站又一站，小熊一个接一个上了车。

小熊哥哥和小熊妹妹在干什么呢？校车到的时候，他们能不能准备好？

博恩熊情境教育绘本中有一本《按时起床》，你能非常直观地看到，对于小宝宝来说，他们对时间是没有概念和感知的。所以当你一味地催促孩子早起时，已经忽略了你最终的目标是按时出门、不要迟到，而早起和出门之间还有穿衣、如厕、刷牙、洗脸等一系列环节……

所以，让孩子参与早晨的活动流程，不仅有助于提高他们的主动性，还能在一定程度上减轻你的负担。因为当孩子知道自己是早起流程的一部分时，他们会更愿意负责完成自己的任务；通过参与制定流程，他们也会学习到时间管理和计划安排的重要技能；而让他们参与决策过程，也能有效降低他们在执行过程中可能出现的抵抗心理。

自制工具小贴士：

（1）列出清单：如起床、洗脸、穿衣、吃早餐等；

（2）设计流程并制作可视化流程图，张贴在孩子能看到的地方；

（3）执行并微调流程，以适应孩子的生活习惯和需求。

在这个过程中一定要留意，孩子适应一个规则或养成一个习惯是需要一段时间的，执行中你需要不断提醒的不是他有没有做到，而是为什么要这么做、接下来要怎么做，如果我们做不到要怎么改善等真正能帮助到孩子的细节。

2. 体会成长过程

我相信你一定会有这样的经历，本来出门就很着急了，孩子却不知道在干什么，一会儿打翻了水杯，一会儿弄脏了衣服，你恨不得抓起他来暴揍一顿，他却一脸无辜地看着你……

好吧，其实他只是想帮忙，只是没有经验越帮越忙而已。

📖 故事帮帮忙：

《出门之前》就是这样一本从儿童的视角出发，来展现孩子期待和努力把事情做好的坚定决心的故事绘本。异曲同工的，还有原创绘本《谢谢你！小帮手》。

读完以后，你会有一种恍然大悟的感觉，原来我们总是高估了孩子的能力，又低估了孩子的心意——毕竟添乱并不是孩子的本意，他们只是想要为这个家庭或这件事情贡献自己的力量而已。

生活中，如果为了避免麻烦或者是节省时间就剥夺了孩子参与和体验的机会，看似效率提升了，但也阻断了孩子学习、修正和调整自己的过程。如果孩子在探索的过程中搞砸了一些事情，你还严厉地批评和责备他，就会严重打击孩子的积极性和创造性，严重的也会造成心理伤害。

所以，允许孩子帮忙，感谢孩子的努力，协助他在不断尝试中认识和探索这个精彩的世界，体会他的成长过程，就像《牵着蜗牛去散步》这首诗一样：

教育孩子，

就像牵着一只蜗牛在散步。

和孩子一起，

走过他孩提时代和青春岁月，

虽然，

也有被气疯和失去耐心的时候，

然而，

孩子却在不知不觉中向我们展示了，

生命中最初最美好的一面。

3. 感受日常生活

故事帮帮忙：

天还没亮，小珍珠就跟着奶奶一起出门去市场买菜了，这个时候她的爸爸妈妈和哥哥还在睡觉呢！一路上，小珍珠看到了很多早起的人们，有去上班的，有在锻炼的，还有躺在公园长椅上睡觉的流浪汉……

当天空从灰蓝色的朦胧变成明黄色的跳动，世界的多彩就一览无遗地呈现在小珍珠的眼前：市场上的货品，花店里的鲜花，餐桌上的布局，甚至还有植株中垂下来的蜘蛛和洒水时草丛中跳出的蚱蜢，都让小珍珠应接不暇……

《早起的一天》以一种温和的方式提醒我们，融入日常也是一种难得的幸福——这些平常得不能再平常的场景就是我们每个人生活的底色——就是这样一箪食一瓢饮的点滴生活，一起构成了家庭的秩序。

当然，它还是一本表达亲情的绘本，让孩子知道，家人之间的温暖就在这些看似无意义的点点滴滴中。

自制工具小贴士：

制作问题盲盒，每天早上抽一个主题，和孩子一起观察和记录，如：

观察人物：家里谁第一个起床、谁最后一个起床？大家起床后都在做些什么事？

观察事件：有哪些事是全家人都要做的？做什么事会让你快乐？

观察环境：上学的路上会遇到哪些人？天空有没有变化？树木有没有变化？街道上的行人有没有变化……

2.3 用睡前的亲子时光把孩子的爱杯蓄满

无论你做多少准备，孩子就是要面临第一次真正意义上的分离了。你和他黏在一起的快乐时光会从入园开始变得越来越少，所以<u>睡前时光就是你在有效陪伴期内最值得利用的时间</u>。

毕竟这个年龄段的孩子在情绪需求表达、安全感建立以及情绪管理方面都尚未成熟，再加上入园这么大的挑战，这个时期是情感最为脆弱和敏感的时期。

孩子需要通过跟你的互动来确认自己的存在感和价值感，他渴望与你建立亲密的关系以满足积极的自我认同和情感基础，他希望通过与你的深度交流来感受家庭的温暖和安全，这些都是孩子心理健康发展的坚实基础。

试想一下，经过一天学习生活的孩子如果没有睡前的安抚，可能会感到孤单和无助，导致情感上的失落和焦虑。万一再出现一些超出他们能力范围的挑战，缺乏父母的陪伴和指导可能会让他恐惧焦虑，以至于在面对新环境时更加不安和害怕。长此以往，那些无法处理的负面情绪就会在孩子的日常生活中呈现出来，从而影响到他的心理健康和人际关系。

所以，再忙都要给自己设定一个专属的亲子陪伴时间。如果早上来不及，睡前的亲子时光就是你的不二选择。

我们一起来学习如何给孩子的爱蓄满杯吧！

2.3.1 哪怕只有 10 分钟，你在孩子就安心

如果你一提到陪伴就害怕，感觉自己画画不行、音乐不行、游戏不行、体力不行，似乎时间也不够充裕，还没开始就先给自己下了很多的判断……

放轻松，陪伴不是陪着，哪怕每天只有 10 分钟，你也可以轻松陪伴出安全感满满的宝贝。

方式一：邀请参与

没有一个小朋友会轻易拒绝帮爸爸妈妈的忙，所以邀请孩子参与到日常生活中是跟孩子建立深度连接非常好的方式，也是帮助孩子建立自信心的途径之一。

"宝贝，你能帮我把这些袜子洗干净吗？我记得你上次洗得特别干净。""儿子，我们一起来给这棵绿萝浇水吧，看看你能不能照顾它长大。""宝贝，你能帮忙把玩具收拾好吗？这样我们的家就会更整洁了。""我们一起把床铺整理一下，你觉得用哪套床品最好看呢？"

通过这些场景的实践，孩子能感受到跟家庭的连接，也能够在实践中学习到新的知识和技能。

当孩子热衷于贡献自己的力量时，请在安全范围之内尽可能地鼓励他们参与，并及时给予肯定，这样既能调动他们的主观能动性，

有助于身体的协调发展，还能让他们体会到价值感和归属感，好处多多呦！

需要留意的是，开始的时候他们参与的成分多过干活儿本身，也就是说可能存在一个"越帮越忙"的阶段。我们要做的就是肯定和鼓励他们的热情，并表达谢意，真要进行返工也请在他们不留意的时候。

故事帮帮忙：

在孩子帮忙的能力还跟不上他的意愿这个阶段，妈妈们虽然会因为宝贝的参与多了很多麻烦，但这也是极为珍贵的亲子阶段。推荐大家读绘本《谢谢你！小帮手》，这本绘本没有多少文字，用图片完整呈现了小朋友热衷于帮"倒"忙的有趣场景，而妈妈的处理方式也非常值得借鉴！

方式二：角色扮演

角色扮演是孩子永远也玩不腻的游戏，一起参与到孩子的游戏中吧，你会清晰地看到他的困扰和思考，成长和进步。

比如，用家里的布娃娃来模拟幼儿园的小朋友，你和孩子轮流来扮演老师。"现在是午餐时间，小猪不想吃饭还在想妈妈，该怎么办呢？""老师，我也想玩积木，但是排好久都没轮到我好伤心……"你也可以把场景替换到超市、电影院、医院，甚至是直接复刻某一本绘本故事的场景。

通过扮演不同的角色，孩子可以学习社会规则、规范以及不同的行为方式，这对于他们适应社会生活具有重要意义；游戏中孩子可以自由地构思情节、设计角色，这有助于培养他们的创新能力和解决问题的能力；角色扮演过程中孩子需要使用语言来交流、描述和表达自己的想法，这有助于提升他们的口语表达能力和语言理解力。

故事帮帮忙：

如果不知道该怎么做，《一只名叫埃里埃拉的豹子》是你和孩子特别棒的参考书目，毕竟面对一个超级喜欢角色扮演的宝宝，如何尊重和呵护也是需要学习的。

请即刻开始吧！孩子的学习就是在模仿和重复中逐渐内化的，而这个过程一定会因为有你的参与更加有趣和富有教育意义。

方式三：游戏歌谣

两三岁的孩子正是全感官学习的黄金时期，所以不要忘记让他们动起来，身体动起来、嘴巴动起来，开心和快乐也会一起动起来！

故事帮帮忙：

埃尔维·杜莱的绘本是万万不可错过的，《点点点》是红黄蓝三原色的组合，变大、变小、交叉、排列；《变变变》是红黄蓝三原色的变化，混合、加深、变浅……

"杜噜嘟嘟"系列简直就是把戏剧搬到了纸上："我想要一场又大又美丽的烟火！你能帮帮我吗？""准备好了？那就——捂住

你的耳朵和我一起说'阿嚓咔嘭！'快翻到下一页……""我们想要钻进书里，得先按密码3790*哦。"是不是听着忍不住想要一起参与进来了？

据说，孩子和艺术大师之间只差了一个杜莱。所以你很难想象，阅读的目的是体验游戏有多好玩儿！天马行空、天真烂漫、生动简洁却又不失深奥深刻，是不是跟你之前对游戏和阅读的定义都不太一样？

更别说《光线投影变变变》《颜色宝宝找妈妈》《空间投掷大比拼》《触摸想象大探险》《妙趣组合翻翻翻》这一系列百变创意玩具书了。将不同颜色、材料、形状甚至光线作为游戏元素设计进书中，用触摸、翻翻、投掷、猜猜等百变玩法打通宝宝观感，玩得高级尽兴且有收获，这不正是你想要的陪伴吗？

这个年龄段，歌谣也是很好的互动游戏哦，无论中文还是英文，朗朗上口、好听又好记的歌谣都是孩子们的最爱。你也能从口口传唱中感受到代代相传的民族力量。

方式四：亲子阅读

没有什么能比亲子阅读绘本更适合孩子的陪伴方式了。把软软糯糯的宝宝抱在怀里，让他的背部贴着你的胸部，在温暖的灯光下共同翻阅同一本书。

孩子看着精美的画面，你读着上面的文字，孩子听着你的声音在故事里来回穿梭。有些故事如流水一般潺潺而过，有些故事如戏剧一般搞笑滑稽，有些故事如冒险一般紧张刺激……

你跟孩子在同一个故事中有共同的经历体验，轻而易举就能产生彼此懂得的情感共鸣，甚至你们还会因此而有很多别人不懂的小秘密，让彼此之间的连接和信任更加紧密。

如果能选对适合孩子的绘本，让孩子爱上阅读并不是难事儿。你需要小心的是这个习惯一旦养成，看到停不下来才是你要面临的困扰。所以从一开始就要做好约定："我们今天晚上讲这5本书哦，你先来排一下顺序吧！""讲完这本就要睡觉了哦，这是我们今天的最后一本了。"

当孩子习惯了这样的生活，他也极为容易在阅读中安定下来，更容易进入睡眠状态。

2.3.2 爱不只是说出口，还要看得见摸得着

对于三岁的孩子来说，睡前的陪伴是他们一天中最期待的时刻之一。这个时刻不仅是休息和放松的准备阶段，更是情感交流和亲子关系的加固时刻。在这个阶段，孩子的内心更加宁静、触觉感知特别敏锐，也更容易接受来自外界的温暖与关爱。因此，你可以通过各种具体的触觉体验来增强陪伴的温暖和亲密感，通过看得见、摸得着的陪伴来让孩子感受到爱的存在，加深孩子对爱的感知与理解。

当孩子准备入睡时，轻轻拍打他的背部或轻抚他的头发，这种轻柔的触感能够传递出安心和放松的信息，帮助孩子缓解紧张情绪，

进入睡眠状态。同时，这种亲密的身体接触还能够让孩子感受到你的爱和关怀，增强他的安全感。

利用睡前时光与孩子进行一些互动游戏或手工活动，比如用柔软的布料制作一个小玩具，让孩子触摸和感受不同材质的触感。或者让孩子参与挑选床单、枕头的颜色和质地等活动。这不仅能够增强孩子的触觉体验，还能够激发他们的创造力和想象力。

你还可以在睡前为孩子准备一杯温热的牛奶或一个柔软的抱枕。这些具体的物品不仅能够给孩子带来温暖和舒适的感觉，还能够成为他们睡前仪式的一部分，增强睡前陪伴的仪式感和期待感。

在陪伴的过程中，别忘了跟孩子一起分享一些温馨的故事或歌曲。这不仅能让孩子在听觉上感受到爱的存在，还能够激发他们的想象力和情感共鸣，让孩子更加深入地理解爱的含义，并学会用同样的方式去表达爱。

更重要的是，这个过程中，你还有机会倾听到孩子的心声，了解他们的需求和想法。毕竟在睡前这个特殊的时刻，孩子往往更加愿意敞开心扉，分享自己的感受和经历。你可以通过问询、倾听和反馈的方式，与孩子进行更加深入的沟通和了解。这种情感上的互动不仅能够增强亲子之间的情感联系，还能够让孩子感受到被关注、被理解和被爱。

总之，对于三岁的孩子来说，睡前的陪伴是至关重要且需要具体化的。通过各种具体的触觉体验、互动游戏、物品准备和情感交流来增强陪伴的质感和深度，不仅能够让孩子感受到爱的温暖和关怀，还能够促进他们的身心发展和情感成长。

📖 故事帮帮忙：

《野兽国》是一本非常有名的图画书，以简单诗意的语言讲述了男孩迈克斯的故事：他与妈妈大闹一场，没吃晚饭就回到了自己的房间，内心的愤怒、恐惧和渴望等情绪带着他漂洋过海来到了野兽国，尽情宣泄呀尽情欢乐，尽情撒野呀尽情玩闹！但为什么他还是感到了寂寞和孤独？他想家了，也想妈妈了……于是，他从幻想里走出来，回到那天晚上，回到自己的房间，然后发现有晚饭等着他，还是热的呢。

你有没有发现，无论孩子白天有过怎样的经历，就这一粥一饭的直接关爱，就会让他安定下来。

2.3.3　安全的依恋环境是孩子的能量加油站

三岁孩子的能力和意愿度并不总是完全匹配的。

在这个年龄段，孩子的身体、认知和情感都在迅速发展，他们的好奇心和探索欲望很强，但由于年龄和经验的限制，能力往往还不足以满足所有的意愿。他们可能对某些事物充满好奇，但由于认知能力有限，可能无法完全理解或掌握这些知识或技能，这就导致他们可能会遇到困难或挫折而需要父母的引导和支持。

此外，三岁的孩子通常非常依赖父母或主要照料者。他们渴望得到父母的关注和爱护，但情感表达能力还不够成熟，可能会因为无法准确地表达自己而感到困惑或不安。同时，他们的意愿度也可能受到情绪的影响，有时会因为情绪波动而做出一些冲动的行为。

因此，对于三岁的孩子来说，一个能为他们提供源源不断的情感支持和成长动力的安全依恋环境，就如同一个不可或缺的加油站，是生命中非常重要的支持。因此，你需要关注他们的能力和意愿度之间的匹配程度，并根据实际情况给予适当的引导和支持。

以下是一些为三岁孩子创造安全依恋环境的方法：

（1）给予孩子无条件的爱：让孩子知道，无论他做了什么你都会无条件地爱他。这种爱会让孩子感到安全和被接纳，并有助于他形成健康的依恋关系。

（2）稳定的照料者：尽量让孩子与一位或几位稳定的照料者建立亲密的关系，在孩子需要时给予他们支持和关爱，从而帮助孩子建立稳定的依恋关系。

（3）积极的互动：与孩子进行积极的互动，如拥抱、亲吻、赞美等，增强你们之间的情感联系，让孩子感受到被重视和被关注。

（4）创造安全的环境：为孩子提供一个安全、稳定、温馨的家庭环境，让孩子感到舒适和放松。可以在房间内放置一些安静的玩具，播放一些舒缓的音乐，以帮助孩子放松身心。

（5）倾听孩子的需求：尊重孩子的需求和想法，倾听孩子的声音。开放、真诚的交流会让孩子感受到被理解和被尊重。

（6）规律的生活作息：为孩子制定规律的作息时间表，包括起床、吃饭、玩耍、睡觉等。稳定的生活习惯会让孩子感到生活是有序的、可控的。

总之，为三岁的孩子创造安全的依恋环境需要父母的耐心、关爱和努力。通过建立稳定的依恋关系、积极的互动、安全的环境以及规律的生活作息等方式，可以为孩子提供一个健康、快乐的成长环境。

故事帮帮忙：

睡觉时间到了，小怪物却跟爸爸展开了拉锯战，上厕所也磨蹭，刷牙也调皮，每次都要讲同一个故事，在床上蹦来跳去，一会儿要妈妈亲亲、一会儿要爸爸抱抱……总之，就是不乖乖睡觉。是不是像极了那个让你疲于应付的一点都不听话的小孩？

可是你知道吗，就是这样一本看起来稀松平常的绘本却是孩子们的心头爱，毕竟能让孩子感觉到这就是我啊！原来不只我是这个样子的呀！原来别人家爸爸也是凶巴巴的呀！原来爸爸再不耐烦也会陪着我的呀！

《睡觉去，小怪物！》这本绘本里，一种纯粹的感动会让孩子明确你对他无条件的爱，也能让孩子在甜蜜的爱中安稳地睡着，是不是很棒呢？

第 3 章

你想不到的日常，都是孩子面临的挑战

在三岁这个关键的成长阶段,孩子们正努力形成对世界的初步认知。他们不像成人那样依赖抽象思维,而是通过直观和具体的体验来构建对世界的理解。这意味着,对孩子们来说,日常生活中的每一个细节,都是一次挑战和学习的机会。

比如,当清晨的第一缕阳光轻轻洒进房间,孩子被自然唤醒,他们听到的是家中熟悉而亲切的声音,感受到的是家人温暖而坚定的拥抱。这些看似平凡的日常,对于孩子来说,却是一次次情感上的挑战——他们要学会从中感受到家的安全和温暖。

同样,当孩子尝试帮忙整理一些简单的家务或摆放餐具时,无论结果如何,这都是他们自我挑战的过程。他们渴望得到鼓励和支持,从而学会从具体的实践中理解什么是努力、什么是成功。这些日常琐事,在成人眼里或许微不足道,但对孩子而言,却是一次次对未知世界的勇敢尝试。

正是这些你想不到的日常,让孩子在点滴之中学会期待、学会控制、学会安全与稳定。这些经历不仅能够帮助他们更加放松、自信地面对生活中的挑战,还能在潜移默化中增强他们对生活的掌控感,建立起稳定的生活习惯。因此,让我们珍视这些与孩子共度的日常时光,成为他们成长道路上的坚实后盾。

3.1 吃喝拉撒，哪一件事儿都不小

对于三岁的孩子来说，吃喝拉撒看似是日常生活中的小事，实际上每一件都至关重要，与孩子的成长和心理发展有着密切的关系。

吃喝是孩子获取营养、维持生命活动的基础，合理的饮食结构和营养摄入对于孩子的健康成长至关重要。关注孩子的饮食偏好，引导其形成多样化的饮食习惯，不仅有助于孩子的身体健康，还能培养其良好的饮食习惯，为未来的生活打下基础。

拉撒是孩子生活自理能力的重要体现。孩子在自我意识逐渐增强的时期，会开始渴望独立、自主地完成一些日常活动，引导孩子学会自己上厕所不仅有助于培养孩子的自理能力，还能让他们感受到成长的快乐。关注孩子的如厕习惯也能避免因为不良习惯导致的健康问题。

对于孩子来说，吃喝拉撒这样的日常活动也是逐渐建立对世界认知和理解，学会适应环境、处理人际关系的过程。在吃饭的过程中学会等待、分享和合作，在如厕的过程中学会表达自己的需求和感受，对孩子的心理成长也具有重要的促进作用。

因此，对于三岁的孩子来说，吃喝拉撒哪件事儿都不小。关注孩子的日常活动，就是在关注孩子的健康成长和心理发展。

3.1.1 挑食、等喂、吃得慢？三招轻松破局

知乎上曾有个问题是这样问的："你最不满意孩子的一点是什么？"吃得少、吃得慢，还总挑挑拣拣是绝大多数家长的抱怨。可见，在孩子成长的过程中，饮食问题确实是很多家庭的困扰。

毕竟挑食、等喂、吃得慢等问题，不仅影响营养的摄入，还可能影响孩子的心理健康。

那么，面对这些问题该如何轻松应对呢？下面，就为大家分享三招破局方法。

第一招：了解孩子的成长规律，合理引导

孩子在不同年龄阶段，对食物的需求和进食能力都有所不同。6～12个月的宝宝以流食或半流食为主，多由父母喂养；18～36个月的孩子逐渐能够自我进餐，食物种类也更加多样；对于3～6岁的孩子，他们对食物的主观判断意识比较强烈，需要在尊重孩子选择的基础上合理引导，让孩子尝试多样化的食物。

所以在引导孩子吃饭时，一定要根据孩子的生理和心理特征，正确地看待孩子进食时间，少盛多添、不要过分追求速度，给孩子足够的时间去咀嚼和消化食物。也可以通过讲故事、做游戏等方式鼓励孩子尝试新的食物，尽量避免在孩子面前表现出对食物的偏好或厌恶，以免影响孩子的饮食习惯。

第二招：培养孩子的自主进食能力，告别等喂

追着喂饭并不是一个好的生活习惯，这不仅会让孩子失去自主进食的能力，还可能让孩子产生依赖心理，加大孩子入园适应的难度。

为了培养孩子的自主进食能力，你能做的有：给孩子提供适合他们年龄段的餐具，让孩子尝试自己吃饭；设定固定的就餐时间和地点，让孩子形成规律的饮食习惯；鼓励孩子参与食物的准备过程，如择菜、摆盘等，增加孩子对食物的兴趣；给孩子提供使用勺子、筷子的机会，并允许他们在相当长一段时期内用得不好……

第三招：纠正不良饮食习惯，提高效率

很多孩子吃饭慢、挑食等问题往往与不良饮食习惯有关。

对于咀嚼和吞咽能力较弱的孩子，我们可以准备整块的面包、水果等一些需要完全咀嚼才能吞咽的食物，示范并教会他们正确的咀嚼和吞咽方法，进行充分锻炼。

对于吃饭分心的孩子，就餐时为他们创造一个安静和舒适的环境，减少外界干扰非常重要。

对于挑食的孩子，尝试将孩子不喜欢的食物与喜欢的食物混合在一起，或者改变食物的烹饪方式，让孩子逐渐接受，或许是一个不错的方法。

除了挑食、等喂、吃得慢等问题，我们还需要关注孩子的饮水量。确保孩子摄入足够的水分，有助于维持他们身体的正常运作和健康

成长。总之，想让孩子吃得健康、吃得快乐，耐心引导、合理培养自主进食能力、纠正不良饮食习惯，这三招破局方法一定要掌握。

故事帮帮忙：

如果你们家有个喜欢吃汉堡，而且除了汉堡什么都不吃的小男孩儿会怎样？

绘本《汉堡男孩》就讲了这样一个故事，维尼讨厌胡萝卜！讨厌豆子！西蓝花、圆白菜、西红柿、生菜和菜花统统不吃！维尼讨厌一切蔬菜！维尼只喜欢吃汉堡。直到有一天，维尼变成了一只大大、大大的汉堡。哎呀呀！太香了，全城的狗狗都被它吸引，追着它跑……

眼看着这只巨型汉堡就要被吃掉了！后来怎么样了呢？维尼有没有成功脱险，脱险之后又发生了什么呢？一起在书里寻找答案吧！

3.1.2 总憋大便、尿裤子？这样应对避免尴尬

对于入园期的家长来说，如果孩子的吃饭不好算是困扰的话，那憋大便、尿裤子简直就是谜题了！

> "明明已经学会了自己上厕所，怎么上幼儿园以后反而频频尿裤子呢？"

> "每天从幼儿园出来第一件事儿就是赶紧跑回家拉臭臭,跟幼儿园不让上厕所似的……"
>
> "早上带去的水壶到晚上还是满的,为了不在幼儿园上厕所,这是从头杜绝可能性啊!"

如果你也有类似的困扰,别着急,以下可能性会给到你精准的帮助:

<u>身体原因</u>:孩子入园前后恰好也和孩子发展的肛欲期(通常发生在2~3岁)重叠。

肛欲期是孩子在学会自己脱裤子大小便后反复出现的憋大便或小便,是他们探索和体验肛门和尿道括约肌收缩和放松的过程。在还没有熟练掌握控制技能时,可能会出现将大便或小便解在裤子里的现象,也有可能是他们在尝试从憋尿或憋大便中体验性快感。

你需要知道的是,这是孩子成长过程中的必经阶段,就和训练他的手脚协调一样,是个学习、练习、熟练和内化的过程。当你能理解并尊重这个过程,多备几条裤子,及时帮他们换掉,缓解孩子的尴尬就是你能给到的最好的帮助。

<u>环境不适</u>:幼儿园的新环境对孩子来说是完全陌生的,他们可能感到紧张和不安,从而影响到排便的习惯。也有可能是在某一项学习活动中太过投入,以至于想要排便时已经来不及赶到厕所。

还有可能是幼儿园的厕所设施与家庭中的不同，特别是蹲式厕所与坐式马桶的差异引起孩子困惑或不适，自己又没有能力解决或求助。

这些因环境不适导致的憋大便、尿裤子在入园衔接期会比较明显。

<u>心理压力</u>：相比于前两种，心理压力导致的排便问题是比较容易忽略的。这反映在当孩子在幼儿园中面临来自社交和学习等方面的压力时，可能会导致他们忽略身体的信号，从而憋大便或尿裤子。也有可能是孩子遇到问题时不太敢跟老师表达他们的需求或想法，或者孩子在刚开始表达的时候没有得到及时的响应或反馈，以至于孩子之后更不知道该怎么应对……

那你能做的是什么？

（1）始终相信孩子面临的问题只是一个阶段性的挑战，你要有信心陪伴他一起度过。

（2）给予孩子足够的关爱和安全感，让孩子知道即使面临新的环境和挑战，他也有家人的支持和关爱。

（3）在入园之前，一定要提前带孩子熟悉幼儿园的环境和设施，包括厕所的使用方法。

（4）多与孩子沟通，了解他在幼儿园中的感受和困惑，鼓励他表达自己的需求和想法，教会他如何跟老师求助、求助遇阻该如何解决。

（5）给孩子多带备用衣裤，跟老师做好交代，如果孩子尿裤子及时换掉就好。

（6）如果以上都做到了，孩子憋大便和尿裤子的问题持续存在或加重，就需要及时寻求专业心理咨询或儿科医生的帮助，获取更具体的建议和指导，帮助孩子克服这个问题。

总之，耐心引导孩子识别身体的信号并鼓励孩子及时表达自己的需求，并提供安全、舒适的环境，是让孩子自信面对如厕这一日常活动的根本。

故事帮帮忙：

有一套绘本不仅比你更了解孩子，也比孩子更了解自己，那就是村上八千世所著的《便便超人》系列。绘本中不仅讲了糊糊臭臭便便球球和我们的饮食结构有什么关系，帮助孩子理解排便和人类生活的关系；还给孩子展示了不同的厕所要怎么去面对；甚至给孩子示范了如果在幼儿园突然想要大便怎么办，如果不好意思大声说出来又该怎么求助……

如果关于入园只能推荐一套书的话，建议选择《便便超人》。

3.1.3 穿脱衣服自己搞定，一件一件按顺序

穿衣服有什么了不起，这种小事儿我们帮他做好就行了。面对孩子的穿衣问题，不知道你是不是也有一瞬间有过这样的想法？毕

竟，帮孩子穿脱衣服比教孩子穿脱衣服要容易得多。

但是你知道吗，学会自己穿衣服是孩子成长过程中的一项重要技能，这不仅能够帮助孩子建立自我照顾的能力，还能增强他们的自信心和独立性。尤其是随着孩子逐渐长大进入幼儿园，开始接触到新的环境和更多的小朋友时，自己穿脱衣服的能力就显得尤为重要。因为它不仅培养了孩子的自理能力，通过自己穿脱衣服，孩子还能学习顺序、逻辑和耐心，为未来的学习和生活打下坚实的基础。

可别小看这一个小小的技能，对这个阶段的孩子来说，穿脱衣服也是相当有难度的：

协调性：穿脱衣服需要一定的身体协调性，特别是对于手部精细动作的控制。年幼的孩子可能在这方面还不够熟练，需要一定的时间和练习。

顺序性：穿脱衣服有一定的顺序和步骤，如先脱鞋子再脱袜子，先穿内衣再穿外衣等。孩子需要理解和记住这些顺序，这对他们来说可能是一个挑战。

独立性：对于刚开始学习自己穿脱衣服的孩子来说，独立完成这个任务需要克服依赖心理，培养自我服务意识。

想要帮助孩子学会自己穿脱衣服，我们可以通过示范的方式向孩子展示如何正确地穿脱衣服。示范过程中尽量用简单明了的语言解释每个步骤，帮助孩子理解。同时，还可以引导孩子模仿自己的动作，逐步掌握穿脱衣服的技巧。

耐心与鼓励：在孩子学习穿脱衣服的过程中，一定不要急于求成，当孩子遇到困难时，及时给予帮助和鼓励，让他感受到自己的进步和成就。

游戏化学习：将穿脱衣服的过程融入游戏中，可以让孩子在轻松愉快的氛围中完成学习。你可以设计一些有趣的穿脱衣服比赛或角色扮演游戏，激发孩子的学习兴趣和积极性。

分步骤教学：将穿脱衣服的过程分解成若干个小步骤，逐步教授给孩子。例如，可以先教孩子如何脱鞋子和袜子，再教他如何穿内衣和外衣。这样可以降低学习难度，让孩子更容易掌握。

选择合适的衣物：为孩子选择容易穿脱的衣物，如宽松的套头衫、弹性好的裤子等。这样可以减少孩子在穿脱衣服时的难度，增加孩子的自信心和兴趣。

鼓励孩子自己动手穿脱衣物、一件一件按顺序进行，孩子掌握这项技能后将在幼儿园生活中更加独立和自信，为未来的学习和成长打下坚实的基础，在成长中收获更多的快乐。

故事帮帮忙：

小狮子要洗澡了，快点脱光光吧！咦，怎么回事儿，狮子的鬃毛也可以像衣服一样脱下来吗？小熊，这样还不行哦，快点脱光光吧！什么什么，小熊脱光光居然变成了小朋友？

这回是真的"脱光光"了吗?哪有哪有,可以洗澡才是真的脱光光呢!

能把洗澡脱衣服这点小事儿写得这么有趣好玩儿,要看五味太郎的《看,脱光光了!》。他是日本畅销绘本作家之一,至今已经出版了四百多部创意独特的绘本。他的作品创意新颖、色彩鲜亮、妙趣横生,小朋友看到他的作品很容易就会沉浸其中呢!

笔记栏

3.2 全勤宝宝不生病的智慧

孩子入园，父母最担心的就是身体健康问题了。为什么有的小朋友可以月月拿全勤宝宝奖，而有的小朋友三天两头生病，一个月伙食费都交不了几块钱，你知道背后可能隐藏的原因吗？

其实导致孩子生病的原因有很多，比如：

孩子从家庭环境进入幼儿园，生活习惯和饮食结构可能发生改变，这些改变导致孩子的身体可能需要一段时间来适应，适应不好就容易生病；

孩子刚进入幼儿园，可能会感到焦虑、紧张和不安。这种负面情绪可能会影响孩子的免疫力，使孩子更容易生病；

幼儿的免疫系统尚未完全发育，抵抗力相对较弱，因此更容易受到病毒和细菌的侵袭；如果幼儿园的卫生管理再不到位，孩子容易接触到病菌，从而导致生病。

幼儿园的孩子较多，且生活在一个相对密集的环境中，如果一个孩子生病，病毒和细菌容易在孩子们之间传播，导致其他孩子也生病。

为了让孩子免受疾病的困扰，我们能做些什么呢？

3.2.1 认真洗手是预防疾病的关键

洗手是日常生活中最简单却最有效的预防疾病的方式。孩子们每天接触到各种玩具、书籍、桌椅等公共设施，很容易暴露在细菌和病毒丛生的环境中，通过洗手，可以有效减少手上携带的病菌，降低疾病传播的风险。

然而，有些幼儿园的孩子可能并不愿意洗手，这与他们的年龄、性格、认知发展等多种因素有关。

幼儿阶段的孩子可能还没有完全意识到洗手的重要性，他们或许会认为洗手只是一个简单的动作，并不清楚它与健康的关系；也可能对手上的细菌、泡沫等感到好奇，因此不愿意洗手而是想探索更多有趣的事物。也有些孩子会觉得洗手是一件麻烦的事情，需要花费时间和精力，所以直接逃避或拖延。还有过度的提醒也会让孩子们产生逆反心理，认为洗手是一种被强迫的行为，从而不愿意配合。

所以我们依然需要用些小心思，配合园所帮助孩子养成洗手的好习惯。尤其是在餐前餐后、接触公共物品（如扶手、门把手等）、外出回家后、上完厕所后、擤鼻涕、咳嗽或打喷嚏后等关键节点。

故事帮帮忙：

"食指上方发现点心碎屑！食指上方发现点心碎屑！""大拇

第 3 章　你想不到的日常，都是孩子面临的挑战

指下方发现一大团奶油！大拇指下方发现一大团奶油！""小拇指指缝发现砂糖！小拇指指缝发现砂糖！"

贝利是个不爱干净的孩子，喜欢不洗手就吃东西，不洗澡不刷牙就睡觉，所以细菌们最喜欢他啦！你看，他刚刚睡着，一支细菌部队就兴冲冲行动起来……

《超级细菌王国》把孩子们看不见的世界用故事呈现出来，让孩子们直观地感受到如果不洗手，细菌的繁殖会产生怎样的后果，既有趣又有教育意义。

类似的推荐还有《根本就不脏嘛》《大狗医生》《细菌不是用来分享的》等绘本，从不同角度带领孩子观察健康与生活之间的关系，是孩子这个阶段不可错过的绘本。

3.2.2　增强锻炼，提高身体免疫力

体育锻炼对孩子的全面发展具有重要的作用。户外活动时，日光中的紫外线还可以促进孩子对钙磷的吸收，从而进一步促进骨骼的发育，使骨骼更为坚固。同时，跑跳等动作对骨骼的骨化中心能产生机械刺激作用，改善血液循环，这都有助于孩子的健康成长。

此外，体育锻炼还能促进孩子肌肉的生长发育，使肌纤维变粗，肌肉血液供应良好，促使肌肉强壮。体育锻炼对孩子的神经系统和心脏发育也有良好的影响，能改善和提高身体各组织、器官之间的协调能力，使心肌更加强健。

以下是一些适合三岁孩子的锻炼项目：

散步：散步是一种简单而有效的锻炼方式，可以让孩子在户外呼吸新鲜空气，同时锻炼他们的腿部肌肉和心肺功能。一边走一边观察周围的环境，是孩子们喜欢的散步方式，可以更好地满足他们的兴趣和好奇心。

游泳：如果孩子喜欢洗澡并且适应水中的环境，可以尝试带他们去游泳。开始时，可以给孩子戴上救生圈或救生衣，让他们在水中玩耍、感受水的浮力。游泳可以锻炼孩子的全身肌肉，增强身体的协调能力。

骑自行车：三岁的孩子可以选择适合他们年龄和身高的儿童自行车。在骑行的过程中，可以锻炼孩子的腿部肌肉，增强平衡感和协调能力。需要注意的是家人需要在旁边陪伴，确保孩子的安全。

跳舞：跳舞是一种有趣的锻炼方式，可以让孩子在音乐的节奏中感受快乐，同时锻炼身体的协调性和灵活性。选择一些适合孩子的儿歌或舞曲，和孩子一起跳舞，既能锻炼身体，还能愉悦心情。

球类运动：如足球、篮球等，可以让孩子在玩耍中锻炼身体的协调性和反应能力。父母可以陪伴孩子一起玩球，教授他们基本的球类技能。

障碍赛道：可以在家里或户外设置一些简单的障碍赛道，如纸盒子、靠垫等，让孩子进行爬行、跳跃等动作，锻炼他们的身体协调性和平衡感。

需要注意的是，三岁孩子的身体和心理发展尚未完全成熟，他们的锻炼应以游戏和娱乐为主，避免过于剧烈或高难度的运动。同时，父母在陪伴孩子进行锻炼时，要确保孩子的安全，避免发生意外伤害。另外，要根据孩子的兴趣和身体状况合理安排锻炼时间和强度，让孩子在轻松愉快的氛围中享受运动的乐趣。

故事帮帮忙：

晚上睡觉前汤姆有很多东西要准备，因为全班都要去游泳池游泳啦！

去游泳前应该准备什么东西呢？游泳的时候又要做哪些事情呢？那些要记住的、要小心的、有用没用的问题，都在小兔汤姆第一次上游泳课时呈现得淋漓尽致，包括它的紧张与兴奋。

《汤姆在游泳池》《汤姆骑自行车》《汤姆踢足球》……绘本里有很多的体育小明星，都会是孩子的好伙伴。而且千万不要拘泥于主题哦，很多绘本都可以玩儿起来，比如《可爱动物操》《从头动到脚》等。

跟孩子一起动起来，是最好玩儿的阅读方式呢！

3.2.3 规律作息，保证足够的睡眠

你已经筋疲力尽了，孩子的"电"还没放完，眼看着时针已接近午夜，眼前的这个小魔怪却一点儿睡意也没有，这个时候你是不

是满脑子都是"怎么还不睡呀！明天起床肯定又会很晚了？亲生的，再忍忍……"

都知道入园的孩子需要规律作息，这对他们的身心健康发展非常重要。但要怎么做，才能既维持你的良好形象，又可以让孩子规律作息呢？

建议家长们制定一套"睡前功课"并遵照执行：

首先，你得清楚入睡是一个过程，想让孩子倒头就睡，就需要提前一两个小时去布局他的入睡流程。

比如，你想让他9点入睡，晚餐后就可以开始准备进入入睡流程了，散步、洗澡、刷牙、听故事，这些温和而又温暖的活动都可以帮助孩子放松身心，做好入眠状态的准备。然后在每一个流程的过程中，都提前预告下一步动作：

"我们去散步喽，然后洗澡刷牙去读故事书。""读完故事书我们就要睡觉喽！""哇噢，你好棒哦，今天又读了三本故事书，我们该跟这个世界说晚安啦，故事书晚安、台灯晚安、小毯子晚安……宝贝晚安！"

其次，把环境中不利于孩子入睡的因素提前清除掉。比如，电子产品要提早一个小时请出卧室，减少屏幕对孩子的刺激；电视等会发出很大声响吸引孩子注意力的娱乐活动也要及时停止，给孩子营造一种晚上大家都要睡觉的氛围；当然，一个温馨舒适温暖的睡眠环境也是必不可少的……一切准备就绪以后，就可以跟孩子道晚安喽。

然后，日复一日地持续地坚持下去。

这里需要注意的是，在没有足够的陪伴、帮助孩子建立良好的睡眠习惯前，千万不要指望孩子可以听一个"快去睡觉吧"的指令就能完成，毕竟，这个年龄段的孩子对时间还没有概念。你可以利用的是孩子对流程的依赖，如果遇到时间紧张需要调整时，可以压缩时长，但要保留流程。

不然，随意跳过流程可能会让孩子感受到极大的不安全感，直接尖叫大哭！那个时候，你就需要更多的时间和精力去安抚孩子了。

如果你都已经做好了睡前功课，但发现孩子还是很难入睡，那要留意检查一下：孩子晚餐是否吃得过饱或者食物热量过大，导致消化系统负担过重？孩子白天的运动量是否足够，以便他的精力完成释放？孩子睡前看的书籍或电视的内容是否会让他产生情绪波动？

故事帮帮忙：

大概每个孩子脑海中都住着一些小怪兽，一到晚上关掉灯，他们就会窸窸窣窣地从各种各样的地方跑出来，比如衣帽架呀、壁橱里呀、门背后呀、窗帘里呀……

天哪！快看，那个龇着两颗大牙、长着一对像翅膀的大耳朵、布满绿色斑点的怪物！怎么会坐在地上大哭起来呢？难道，难道你一直害怕的黑夜"大噩梦",竟然是这般滑稽的样子?

《我的壁橱里有个大噩梦》讲述了一直无法安然入睡的小男孩终于决定要干掉壁橱里的大噩梦!没想到的是,他全副武装去出征,遇到的居然是一个胆小的、害羞的、敏感的、爱哭鼻子的家伙。这可怎么办呢?

如果你的孩子也怕黑,一定不要错过这个别出心裁的故事!

笔记栏

3.3 听懂指令的核心是理解力在线

三岁孩子面临的一个最大的挑战就是入园后的统一行动，它需要孩子非常清晰地理解并跟得上老师的指令。如果没有一定的理解力，孩子很难准确地理解并遵循指令。

理解力，不仅仅是孩子能听懂多少词汇、多少句子，更重要的是他们能否将这些语言信息转化为自己的认知，进而指导自己的行为。当孩子能够准确地理解并遵循他人给出的指令时，反映出他们已经具备了一定的理解力。

这种理解力不仅包括对指令本身内容的理解，还包括对指令背后意图和情境的理解。比如当老师说"请把红色的球放在篮子里"时，孩子不仅需要理解"红色"、"球"和"篮子"这些词汇的含义，还需要理解老师的意图是要他们完成一个特定的任务。

只有具备了足够的理解力，孩子才能够有效地处理和理解复杂的指令信息，并将其转化为自己的行动。

因此，对于家长和教育者来说，要关注儿童听懂指令的能力，同时也要重视培养他们的理解力，关注孩子在语言、逻辑、规则等方面的掌握和运用。

日常生活中，我们可以通过分解指令、重复示范、提供具体的情境等方式来帮助孩子更好地理解指令内容。同时，也可以通过阅读、游戏、讨论等方式来拓展他们的知识面，从而更好地促进他们理解力的提高。

这样，孩子就能够在听懂指令的基础上，更好地理解和应对生活中的各种挑战。

3.3.1 是孩子不听话，还是他听不懂

在育儿的过程中，你是不是也面临这样的难题，你的孩子似乎并不愿意听从指令。每到这个时候，你可能会有些生气，忍不住想要责怪孩子"不听话"，也可能会有些困惑和沮丧，对自己产生深深的怀疑。

可是你知道吗，孩子没有按照你的预期行动不一定是孩子故意不听话，很可能是他们根本没听懂你的指令呢！

一个清晰简洁的指令对于三岁的孩子来说更容易理解和执行，如果指令过于复杂或含糊不清，孩子就可能无法理解或感到困惑。例如，你可能会认为"把玩具收拾好"这个指令很简单，但对于一个三岁的孩子来说，可能并不清楚"收拾好"具体是什么意思，或者应该怎么做。因此在给出指令时，尽量使用简单具体的语言，如"请把红色的球放进这个篮子里，把小汽车放在架子上。"孩子就比较容易理解和执行。

通过这个例子我们可以看出，尽管在这个年龄段孩子的语言和

第 3 章　你想不到的日常，都是孩子面临的挑战

思维正在快速发展，但其实尚未达到成年人的水平。他们的注意力往往短暂而分散，对于复杂的指令或概念，可能无法一次性完全理解。因此，当孩子没有遵循你的指令时，不要简单地归咎于他"不听话"，而是他们可能并没有完全理解你的指令和意图。因此作为父母，我们需要更加耐心和细心地与孩子沟通引导他们理解并执行指令。

此外，孩子的情感状态也会影响他们对指令的理解和响应。当他感到疲劳、饥饿或不安时，更难以集中注意力并遵循指令。因此<u>在要求孩子执行指令时，请确保他们处于良好的情感状态，并给予足够的支持和鼓励</u>。

除了上述因素外，每个孩子都有不同的性格、兴趣和学习能力，尊重孩子的个性差异并根据他们的特点调整自己的教育方式，也是我们要注意的。

总之，在这个年龄段，孩子们的心智发展正经历着一次飞跃，他们对世界的认知正在从直观和具体向抽象和逻辑过渡。然而，这种过渡并非可以一蹴而就，它需要时间、需要引导，更需要家长的耐心与理解。

📖 故事帮帮忙：

绫子要和爸爸妈妈一起去郊外野餐啦！

咦，妈妈正在忙着准备野餐要带的东西，"妈妈，瞧，我帮你

把饭盒装好了。""哎呀!"是什么让妈妈大吃一惊呢?

爸爸正在刮胡子。可是提包还敞着口呢,"对,我帮爸爸把包关上吧。"可是有根带子露在外边,拉锁拉不上呀……"爸爸,提包爆炸了!"

如果你也有一个"越帮越忙"的小孩会怎样呢?

《出门之前》这本绘本展示了一个竭尽全力"干坏事儿"的孩子,也展现了爸爸妈妈的宽容和接纳。即便在大人的世界里做错了事,不要一上来就批评和怒吼,正确沟通才会鼓励孩子继续探索未知的世界哦。

3.3.2 你说我做、你做我说,从一步指令开始

对于三岁的孩子来说,他们的理解力还在发展中,可能无法完全理解成人的复杂指令,也无法像成人那样进行逻辑推理。但这并不意味着他们无法学习和无法进步。如果我们能认识到孩子当前的理解力水平,并以此为基础,给予适当的引导和支持,就是对他们最好的鼓励和支持。

<u>首先,分解指令是一个有效的方法。</u>

三岁的孩子可能难以一次性理解包含多个步骤的复杂指令,因此,我们可以将指令分解成更小的步骤,并逐一引导孩子完成。例如,当我们希望孩子收拾玩具时,可以说:"先找到你的小车,然后放到玩具箱里。接下来,找到你的积木,也放进玩具箱。"早晨

起床时提前为孩子准备好衣物,并逐一指导:"先穿这件上衣,再穿裤子,然后穿上袜子和鞋子。"这样的指导会让孩子更加明确步骤,也更容易配合完成任务。

其次,重复示范也是非常重要的。

孩子往往通过观察和模仿来学习。因此,当我们希望孩子学会某个技能或行为时,可以通过反复示范来帮助他们理解。例如,教孩子洗手时,可以一边洗手一边用简单的语言描述:"先打开水龙头,打湿双手。然后,挤一点洗手液,搓一搓。最后,用清水冲洗干净,用毛巾擦干。"同时,我们还可以让孩子动手尝试,通过实践来加深他们的理解。

通过分解指令和重复示范等方法,我们可以帮助孩子更好地理解和执行指令,从而提高他们的理解力。同时,我们也要给予孩子足够的时间和空间去探索、去尝试和去犯错。因为只有在实践中,孩子们才能真正地提高自己的理解力,才能逐渐缩小与成人要求之间的差距。

故事帮帮忙:

阿立穿不上裤子,跌了一跤又一跤;他一恼怒就光着屁股出门了!他看到一个又一个动物炫耀屁股上的尾巴,他跟着白鹤学习独脚站立还是每次都跌倒……结果,阿立居然是躺在地上学会了穿短裤!

《阿立会穿裤子了》一个平常得不能再平常的故事,却如实地写出了儿童早期学习过程的"艰难"和有趣。

你一定会在这个故事里会心一笑,也会生出更多的爱和爱心给你的宝贝!

3.3.3 在游戏中建立规则,让孩子学会听指令

来吧,育儿永远不要停留在头脑的学习,把握好孩子的语言能力和身体协调性发展的关键时期,不仅能增强亲子关系,还能促进孩子的认知发展和语言学习。以下是我们可以跟孩子一起进行的互动游戏:

1. 游戏准备

(1)选择适当的空间:确保游戏区域安全,无易碎品和障碍物。

(2)准备简单道具:如玩具、布偶、积木等,用以吸引孩子的注意力。

2. 游戏开始——你说我做

(1)示范与说明:首先,用简单明了的语言和动作,向孩子展示一个简单的指令,如"请把积木放到盒子里"。

(2)等待与鼓励:等待孩子尝试完成指令,无论结果如何,都要给予积极的反馈和鼓励。

(3)逐渐增加难度:随着孩子逐渐熟悉游戏,可以增加指令的复杂性,如"请把红色的积木放到大的盒子里"。

（4）拓展应用场景：

①日常活动指令：在日常生活中，通过简单的指令教孩子完成一些基本任务，如"请把鞋子放到鞋架上""请把垃圾扔进垃圾桶"。

②角色扮演游戏：设置一些角色扮演的场景，如"假装你是一个医生，给我检查一下身体""你是一个厨师，来煮一碗面吧"。通过模仿不同角色的行为，孩子能够学习并理解更多指令。

③户外探险：在户外活动中，通过指令引导孩子完成一些简单的任务，如"找到那个红色的球并带回来""跳到这个台阶上再跳下来"。这不仅能锻炼孩子的身体，还能提高他们的观察力和执行力。

3. 游戏升级——你做我说

（1）观察与模仿：当孩子完成一个指令后，你可以模仿他的动作，并让孩子尝试用语言表达出来，如"你刚才做的是什么动作？是跑步吗？"

（2）重复与巩固：重复这一环节，让孩子逐渐习惯从动作中提炼出语言指令。

（3）激发创造力：鼓励孩子创造一些新的动作或指令，并让你来模仿。这可以激发孩子的创造力和想象力，同时也能提高他们的语言表达能力。

（4）故事时间：在讲故事时，你可以让孩子根据故事情节给出指令，如"现在轮到小红去摘苹果了""小兔子要跳过这条河"。通过这种方式，孩子能够更好地理解故事情节和角色行为。

4. 注意事项

（1）保持耐心：三岁的孩子可能在理解指令和表达上存在困难，父母要保持耐心，给予孩子足够的时间。

（2）正面反馈：及时给予孩子正面的反馈和鼓励，让孩子感受到成功的喜悦。

（3）安全第一：确保游戏过程中孩子的安全，避免使用可能造成伤害的道具或动作。

📖 **故事帮帮忙：**

我会转头，你会吗？你会我也会。《从头动到脚》看起来简单，但对孩子理解和表达相关的动作有很大的帮助，比如耸肩、扭屁股、弯脖子、摆动胳膊等，类似这样的互动类绘本，是非常好的亲子互动读物哦。

第 4 章

你期待的成长，
都是孩子必备的能力

在孩子的成长过程中，你是不是也有一种深深的期待——希望孩子能够勇敢地面对生活中的各种挑战，自信地融入各种新环境，并且与老师和同学建立起和谐融洽的关系。然而，这种看似简单的期待背后，实际上蕴含了孩子在成长过程中必须培养和发展的多个重要能力。

本章会从分离焦虑、适应环境以及与人相处三个方面，破译孩子的成长密码，帮助大家更好地读懂孩子，轻松培养和锻炼孩子的相关能力，一起照亮孩子未来的路。

4.1 把分离焦虑变成口袋里的亲亲

我们要上班、要购物，要有走出家门离开孩子的生活。在我们看来稀松平常的事儿，在不谙世事的小宝宝那里却有可能是灭顶之灾。因为他们还没有准备好与主要照顾者分离，突然的分离可能让他们感到极度的恐惧和不安；长时间的分离更有可能让孩子感到被抛弃，导致他们产生严重的情感问题。特别是对于一岁以下或刚刚确立起依恋关系的孩子来说，长时间的分离可能导致他们出现智力、语言以及人格障碍。在分离期间，如果父母没有给予孩子足够的情感支持，如经常探望、通话、视频等，孩子可能会感到孤独和无助，这对他们的心理健康极为不利。

因此，在处理与孩子的分离问题时，父母需要充分考虑到孩子的心理需求和感受，以温和、逐步、情感支持的方式引导孩子适应分离，减少分离对他们造成的负面影响。

4.1.1 安全感越足，孩子越容易满足

以下两组描述，你的孩子更偏向于哪一种？

第一组：

孩子通常能够较好地管理自己的情绪，不容易因小事而过度激

动或沮丧。在面临挑战或困难时能够保持冷静，不容易轻易崩溃。他相信自己的能力和价值，愿意尝试新事物，不怕失败，能够独立做出决策，并勇敢地面对结果。

他拥有良好的社交能力，愿意与他人交往，容易与他人建立友谊。他们善于倾听和表达，能够有效地沟通和解决问题。他以积极、乐观的态度看待生活，更容易感受到快乐和满足。当遇到挫折或失败时他能积极寻找解决问题的方法，而不是沉浸在消极情绪中无法自拔。

他能够自由地表达自己的情感和需求，不怕被拒绝或否定。当感到不安或害怕时，他们愿意寻求帮助和支持，而不是隐藏或压抑自己的情感。在面对新环境或新挑战时能够较快地适应，也能够灵活地调整自己的行为和思维方式，以应对不同的情境。

第二组：

晚间睡眠时需要父母的陪伴，不敢单独睡觉，睡眠不踏实，经常惊醒或夜惊。睡觉时喜欢蜷缩或趴着，以增加自身的安全感。

变得退缩，不愿意出门或与人接触，对社交活动产生抵触情绪。极度黏人，紧紧抓住父母或其他监护人，不愿离开。可能会出现咬手指、吸吮等自我安抚的行为。在与他人交往时，渴望得到肯定，但又无法掌握友谊的分寸和界限。

在上学或面对新环境时，表现出更强的身体不适感，如体温升高等。可能会出现各种身体不适，如肚子疼、头疼等，但并无明显的生理原因。

性格可能变得胆小自卑，不敢面对生活的挑战。脾气可能变得暴躁，容易与小伙伴产生冲突，甚至使用暴力解决问题。社交能力较弱，在社交场合中表现得不自信，或者有较强的攻击性。

通过观察孩子的日常表现，我们可以判断其安全感发展水平：

（1）安全感充足型（第一组）：

- 情绪调节：保持稳定情绪，具备抗挫折能力；
- 自我认知：具有清晰的价值判断和决策能力；
- 社会适应：主动探索环境，建立良性人际关系；
- 身心表现：生理指标稳定，睡眠质量良好。

（2）安全感匮乏型（第二组）：

- 情绪特征：焦虑躯体化（不明原因腹痛/发烧）、情绪极端化；
- 行为表征：退行性行为（吮指/蜷睡）、社交回避或攻击；
- 认知模式：灾难化思维（"妈妈不要我了"的固化认知）；
- 生理信号：睡眠障碍、食欲减退等心因性反应。

依恋理论（Bowlby，1969）指出，安全型依恋儿童具有"内部工作模型"，他们能将主要照顾者内化为心理安全基地。这种内化过程通过客体恒常性发展，理解"妈妈离开≠消失"；通过情绪容器功能，积累足够多被安抚的成功经验；通过认知弹性构建，形成

"困难可解决"的积极信念。

针对不同表现类型，建议采取差异化应对：

（1）对第一组孩子：

- 拓展探索边界：在安全范围内逐步扩大活动半径；
- 升级挑战难度：通过角色扮演预演分离场景；
- 强化积极反馈："妈妈看到你自己解决了××问题"。

（2）对第二组孩子：

- 建立分离仪式：如"魔法亲亲"（将吻痕画在孩子手心）；
- 创造过渡客体：带有照顾者气息的手帕/录音玩偶；
- 采用具象化沟通：用沙漏/太阳轨迹说明分离时长。

儿童心理学认为，安全感是儿童心理发展的重要基石。安全感越足的孩子，他们的心理状态越稳定，更容易体验到积极的情绪，形成清晰的自我认知，建立良好的人际关系，并有勇气去尝试和探索新事物。这些因素共同作用，使得安全感充足的孩子更容易感到满足。因此，努力为孩子创造一个安全、稳定、充满爱的成长环境，以促进孩子的心理健康和全面发展，非常有助于孩子在生活中取得成功和幸福。

故事帮帮忙：

小男孩睡觉前跟妈妈讲了一个特别的故事：昨天夜里，来了一只可爱的小夜熊，请他帮忙找妈妈。他们去蜂蜜商店、游乐场找，爬到电线杆上瞭望，都没有见到夜熊妈妈的踪迹。他们甚至想到了妈妈是不是已经回家了，但都不是……

后来，在流星的帮助下，他们终于找到了小夜熊的妈妈。原来，她去钓鱼了，要给小夜熊做烤鱼，并用剩下的鱼换了钱再给小夜熊买辆自行车。天亮了，他们要坐着公交车一起去商店啦！（绘本：《小夜熊》）

这个故事会让你看到孩子离开妈妈后的焦虑，同时也会让孩子看到妈妈外出工作的意义哦。

4.1.2　培养独立能力，让孩子适应分离时间

儿童心理学指出，独立能力的培养对于孩子能否适应分离时间至关重要。当孩子具备了一定的独立能力时，他们更能够独自面对挑战，减少对父母的依赖。这样，在面临分离情境时，孩子就能够更加从容地应对，减少分离焦虑的产生。

在日常生活中，我们可以鼓励孩子尝试自己穿衣服、整理玩具等力所能及的事情，在合适的范围内，给予孩子自主选择的权利，如让他们选择今天穿哪件衣服、玩哪个玩具等，培养他们的自主性和独立性。还可以从短暂的分离开始，如让孩子在房间里独自玩耍一段时间，然后逐渐增加分离时间，让孩子逐渐适应没有父母陪伴的情况。

孩子的独立自理能力还可以体现在以下几个方面：

1. 饮食自理

（1）能够独立进食，使用餐具，如勺子等。

（2）懂得基本的饮食卫生知识，例如自己洗手并擦干，会自己把鼻涕擦掉。

（3）饭量可能相对较大，能够较为熟练地用勺吃饭，甚至有的孩子会使用筷子。

2. 自我表达

（1）开始能够用语言表达自己的情感和需求，如"我要""给我"等。

（2）能够初步站在他人的角度思考问题，出现一些取悦他人的行为。

3. 日常技能

（1）在穿衣方面，开始配合父母穿衣服，会伸手入袖，脱帽子和鞋子等。

（2）在如厕方面，能理解父母对自己大小便的提醒，渐渐形成自己大小便的规律，甚至在需要时能找到便盆。

（3）在卫生习惯上，能做到饭前便后以及从外面回家时洗手，并用毛巾擦手。

4. 社交能力

（1）渴望与同龄伙伴交往，喜欢和邻居的孩子玩。

（2）表现出对自己有点会但还不熟练的事情最感兴趣，如多次玩弄某种玩具或多次玩游戏等。

5. 独立思考

（1）遇见事情时，喜欢自己去思考，或为了得到想要的东西，会主动想办法。

（2）在一些决定性的事情上，不会一味听从父母的意见，而是有自己的想法。

6. 动手能力

（1）会主动去抹桌子、扫地，显示出一定的家务能力。

（2）能够以自己熟悉并喜爱的方式再现常见的事物，如说出常见动物的特点、给自己的涂鸦命名等。

7. 生活习惯

（1）能够按作息时间有序生活，如按规定时间上床，睡前不过度兴奋，不吃零食。

（2）大小便时能把裤子带弄松，显示出对自我照顾的初步能力。

这些独立能力的表现是两三岁孩子身心发展的重要标志，要珍惜和鼓励孩子的这些表现，同时给予适当的支持和引导，以促进孩子全面健康发展。

故事帮帮忙：

《魔法亲亲》这本绘本的创作灵感来自作者奥黛莉和她女儿的

亲身经历。

在奥黛莉的女儿正在经历极大的分离焦虑时,她们偶然看见了灌木丛中的一对浣熊母子:浣熊妈妈正在舔小浣熊的手,接着拉起小浣熊的手摩挲自己的脸颊,好让它仔细闻闻妈妈的气味。原来浣熊妈妈在离家寻找食物或是必须和小浣熊分开时都会这么做,目的是希望小浣熊因为有妈妈的气味相伴不至于害怕,能够安心待在家里。

于是奥黛莉决定如法炮制,创作了这个异常温暖又柔软的故事。

"浣熊奇奇要去幼儿园了,它有点害怕,不愿意去。于是妈妈告诉奇奇一个秘密……"

这个故事让全球数不清的孩子在面临分离焦虑时获得了极大的安定的力量。

4.1.3 给孩子准备个安抚物替你陪伴过渡期

在孩子的入园过渡期间,有时你会发现一个有趣的现象——某个特定的物品,可能是一块柔软的小毯子,一个陪伴已久的小玩偶,或是妈妈衣角的一缕温暖,会暂时替代你的陪伴,成为他们心中的慰藉与依赖。我们亲切地称这些物品为"安抚物"。

这些看似简单的物品,在孩子的心目中却承担着不可替代的重要作用。他们会在孤独或不安时,频繁地接触、拥抱或轻抚这些安抚物,以此表达深深的依恋。一旦与这些安抚物暂时分离,孩子可能会显得焦虑、紧张或不安,甚至因此而产生哭闹的情绪。有时,

第4章 你期待的成长，都是孩子必备的能力

这些安抚物还会成为他们入睡的伴侣，只有在它们的陪伴下，孩子才能安心地进入梦乡。

在入园这个特殊的过渡时期，安抚物实际上扮演着一个重要的角色。当孩子面临与亲人的短暂分离时，安抚物能给予他所需的安慰与支持，帮助他更快地平复焦虑与不安的情绪。

以下几种情况，孩子可能会更加依赖安抚物：

（1）当家庭氛围紧张、父母陪伴时间有限时，孩子无法从父母身上获得足够的安全感，安抚物便成为他们寻找安全感的重要替代。

（2）有些孩子在婴儿期未能充分满足其对触摸和亲近的需求，这种需求在幼儿期或稍大些的时候可能会转化为对柔软、温暖物品的渴望。因此，他们可能特别喜欢那些能够带来类似人体接触感的安抚物。

（3）面对与父母的分离、进入新环境等成长中的重要阶段，孩子需要一种心理上的寄托与安慰。而安抚物，正是他们在这个时期寻找心理支持的重要工具。

因此，在陪伴孩子度过入园过渡期时，你不仅要给予他们足够的关爱与支持，还要学会在适当的时机让安抚物成为我们的"助手"，帮助孩子更快地适应新环境。同时也要相信，在持续的陪伴、鼓励与安慰中，孩子终将逐渐减少对安抚物的依赖，学会独立面对生活。

故事帮帮忙：

《古纳什小兔》一套三本，讲述了翠西与她的安抚物——一只名叫古纳什的小兔之间的深厚情感。

从她咿咿呀呀还不会讲话的时候，古纳什小兔就是翠西离不开的好朋友了。翠西无论走到哪里都带着古纳什小兔，它不仅是她的玩伴，更是她情感上的依赖。故事中，翠西经历过三次与古纳什小兔的分离，她会有什么样的表现，她的父母又是怎么应对的呢？

这个系列故事展示了孩子对安抚物的特殊情感，以及它们在孩子成长过程中的重要性。同时，也传达了失而复得的喜悦和成长中必须面对的挑战。智慧的你，快和孩子一起读起来吧！

笔记栏

4.2 让陌生的环境也能友好起来

陌生环境对于儿童来说意味着一系列未知因素和新的感知、挑战，在儿童心理学中，这种未知的环境可能触发孩子出现焦虑和恐惧反应。

因为孩子天生倾向于对熟悉的事物感到安全，对不熟悉的事物则表现出一定程度的警惕性。这不仅是出于本能的生存策略，也是孩子认知和情感发展的一个重要部分。所以，孩子需要家长的帮助和规划，让他们在可控的范围内逐渐接触和了解新环境，从而减少焦虑和恐惧。

如果你一直在跟着本书的章节进行准备，那么恭喜你，你已经在帮助孩子逐步适应新环境方面做了很多努力。这个小节，你将学习如何帮助孩子掌握更多的社交技巧，如何与人交往、分享和合作，以便孩子能够更好地适应新的社交环境。

请记得，你的规划、鼓励和陪伴，可以让孩子逐渐克服对陌生环境的恐惧和焦虑，建立起对新环境的适应和信任，为孩子未来的成长和发展奠定坚实的基础！

4.2.1 教会等待和分享，入园就有好朋友

在儿童心理学中，等待和分享被视为社交能力发展的重要组成部分。等待能够培养孩子的耐心和自控力，让他们在面对新环境时更加从容不迫。而分享则能让孩子学会关心他人，增强他们的社交吸引力，为结交新朋友打下坚实的基础。

这些社交技巧不需要等孩子入园之后再开始培养，日常生活中就可以刻意培养孩子等待和分享的能力。当他习惯了这样的生活，自然会把它带到入园之后的日常生活和学习中。

1. 模拟场景，体验等待

在家里模拟幼儿园中的排队场景，如等待玩具、等待吃饭等，开始时让孩子等待较短的时间，然后逐渐增加等待的时长。在等待的过程中可以引导孩子进行深呼吸、数数等游戏，帮助他们学会在等待中保持平静。

2. 创造机会，学会分享

分享不仅仅是物质的给予，更是情感的交流。在日常生活中创造分享的机会，如让孩子与家人分享食物、玩具等。当孩子表现出分享的行为时，要及时给予正面的反馈和鼓励，让他们感受到分享的快乐。

3. 实践应用，巩固成果

你可以与孩子一起制订一个简单的计划，如"每天与一个新朋

友分享一个玩具或食物"。通过实践应用,让孩子将等待和分享的技能运用到实际生活中,巩固他们的学习成果。

故事帮帮忙:

《第五个》这本绘本深刻细腻地刻画了孩子等待过程中的心理活动,尤其是等待一个完全未知的事件。

绘本的文字很少,重复着"门开了,出来一个,进去一个,还剩……个"这句话。

极简的文字配合丰富的画面张力:昏暗的楼道、五把椅子,椅子上残缺不全的玩偶,以及门一开一合的变化。似乎什么都没有说,但不自觉地就营造了一种紧张恐惧的气氛。

等待,那么漫长、那么忐忑,后来怎么样了呢?

4.2.2 紧张害羞没关系,这样培养自信心

你有没有发现,你的宝贝突然就变得害羞了,尤其是见到陌生人的时候,一个劲儿地往你身后躲,让叫叔叔阿姨也不叫,如果你一再要求,他会急得面红耳赤却并不愿意开口完成一个在你看来非常简单的任务。

他不太敢抬头挺胸地面对他人,也不愿意参与到社交场合或人际互动中。甚至,有的孩子因为紧张而说话结巴,还有的孩子出现咬手指等自我安抚的行为。以至于有人质疑,孩子这么胆小,是不

是没见过世面？

这个时候，你不免会尴尬，就更加想要催促孩子大方一点。

其实紧张害羞并不是孩子的错，而是他们性格中的一部分，是他们与生俱来的气质。不只是孩子，成人中也不缺少害羞的人，这正如《害羞心理学》中所说，"我们每遇到10个人中，就会有4个人正在经历着害羞。害羞是人类共有的、具有普遍性和人群分布广泛性的特点，每个人都或多或少地经历过害羞。"

心理学研究表明，适度的紧张感可以激发人的潜能，帮助孩子更好地应对挑战。因此，家长不必过于焦虑，更不应责备孩子。逼着孩子排斥害羞的做法反而会让孩子更加害羞，甚至产生自卑的心理。

我们可以引导孩子正确地认识自己，理解和接纳自己的紧张和害羞。同时也要创造机会让孩子体验成功，让孩子感受到自己的能力和价值。当孩子遭遇失败时，不仅要引导他们正确看待失败，教他们从失败中总结经验、吸取教训，同时也要给予孩子足够的支持和安慰，让他们知道失败并不可怕，只要勇敢尝试、坚持不懈，就一定能够取得成功。

在孩子不排斥的情况下，多带孩子参加一些亲子聚会、社区活动等，让孩子有机会结交新朋友、学习新技能、体验新环境，也会让孩子的自信心逐渐增强。

第4章　你期待的成长，都是孩子必备的能力

故事帮帮忙：

薇乐，是一个既害羞又胆小的小女孩，她从来不敢在老师和同学面前大声说话。喝不到自己想喝的果汁，拿不到自己想玩的玩具，当不上每个小朋友都当过的路队长……这样的生活让她倍感焦虑和委屈，该怎么办呢？

薇乐的爸爸帮她想了一个好办法，可以帮助她把心里那个坚定而响亮的声音释放出来。

可是，就在她鼓起勇气准备好让魔法显现时，意外却发生了……

薇乐可以突破她的害羞吗？一起在绘本《轻声说话的薇乐》里寻找答案吧。

4.2.3　不当孩子救世主，合作参与自己来

三岁之前的孩子，其世界仿佛是一个孤独的星球，即使身处众多玩伴之中，他们也更多的是沉浸在自己的宇宙中专注探索。当他们跨过三岁的门槛，才会迈出与同龄人建立情感连接的第一步。

这是一个既令人欣喜又充满挑战的过程。因为在这个阶段，他们虽然渴望与伙伴交流，但自我中心意识仍然强烈，常常因为小小的物品争夺而引发矛盾。他们不明白，为何要与他人一同完成任务，而不是独自完成。这种对合作的无知，是他们成长道路上的一道坎。

如果你了解到集体活动中的合作与参与也是一项需要逐步学习和适应的技能，那你就能安下心来，不急于充当孩子的"救世主"，而是应引导他们自己去发现合作的乐趣和价值。

你可以设计一些搭积木、拼图等需要多人共同完成的游戏和任务，让孩子逐渐感受到与他人合作的必要性，并在潜移默化中培养他的团队精神和沟通能力；在遇到冲突时提供一些解决方案，鼓励孩子通过轮流、交换等方式达成共识。

这样孩子不仅能学会在冲突中寻求平衡，还能了解到在合作中如何保持自我。

当孩子感受到合作带来的成就感和快乐时，就会更加愿意参与到集体活动中来。因此，及时给予孩子肯定和鼓励，让他知道自己在团队中的价值和重要性也是非常必要的。

📖 故事帮帮忙：

森林里住着一只公鸡，每天一个人吃饭、一个人玩耍、一个人睡觉，过着简单、规律且无聊的生活。一天隔壁搬来一位新邻居，公鸡好开心呐！天天期待见到新邻居。可是，这位邻居却神秘到从来都不露面……这是怎么回事儿呢？

《公鸡的新邻居》把白天活动的公鸡和晚上出现的猫头鹰放在了同一个时空里，它们彼此好奇、互相渴望，却又完全不知道该怎么接近对方。是不是像极了我们的小朋友，一方面出于对陌生人的本能戒备不敢贸然示好，另一方面出于社会性的必然要求，又想要结识新朋友。

三岁的孩子倾向于从自己的角度出发看待事物和进行思考，他们会认为别人的思考运作方式跟自己也是一致的。所以不做孩子的"救世主"并不是要你对孩子的窘境放任自流，而是通过你的引导、支持和鼓励，帮助孩子逐步建立合作意识，让他们在实践中学习合作、在合作中体验成长，这才是最终目的。

笔记栏

4.3 跟老师、同学融洽相处的秘密

作为孩子的第一任教育者,我们有责任和义务为孩子提供必要的社交指导和支持。这不仅能帮助孩子快速适应新环境,减少陌生感带来的焦虑和恐惧,还能让他们更自信地融入集体,享受社交的乐趣。

在这一小节,大家将学习到如何陪伴孩子学会建立社交技能的方法,这对你和孩子都很重要。

4.3.1 锻炼孩子清楚表达需求的能力

对于刚刚入园的孩子来说,学会清晰表达自身需求和意愿是一项至关重要的能力。它包含吃喝拉撒等生活方面的表达,也包含跟学习相关的交流和沟通。我们可以采用角色扮演的方式让孩子在场景化中体验和实践,也可以在日常生活中加强训练,有意识地帮助孩子养成这一能力。

比如经常询问孩子的需求和意愿,如"你今天想玩什么玩具?"或"你中午想吃什么?"来引导孩子主动表达自己的想法。也可以用家中的玩具、椅子等物品来设定一个场景,引导孩子说出一些常见的需求,如"老师,我口渴了,可以喝水吗?"或"老师,我想

去上厕所。"当孩子表达清晰时及时给予肯定和鼓励,如"你表达得真清楚,老师一下就听懂了!"这样的反馈可以增强孩子的自信心,也会让他更愿意表达。

值得注意的是,在与孩子交流时,我们尽量使用简单清晰的语言和句子结构,以便孩子更容易理解和模仿,进而精进表达。我们始终要记得,想让孩子掌握一项技能最好的方式就是大量练习。所以,当孩子想要某样东西或做某件事时,鼓励他用更具体的语言和更完整的句子来表达,如"我想要那个红色的球"或"我想和爸爸一起玩拼图游戏",你很快就能发现,你的孩子在沟通交流方面是个小天才呢。

故事帮帮忙:

《超级便便书》虽然是给宝宝普及臭臭的轻科普书籍,但同时也是我们了解孩子入园心理的一个途径。

什么什么,幼儿园里拉粑粑是要蹲着的吗,马桶怎么变成了这个样子,我会不会掉进去?哎呀哎呀,我想尿尿了,老师还没说下课我该怎么办?

对于刚刚入园的孩子来说,幼儿园的厕所是个未知的世界,要想轻松解决孩子在幼儿园上厕所的一切困扰,千万不要错过这套书。它不仅可以回答你有关幼儿园厕所的困惑和疑问,让孩子不管在什么地方都可以轻松迈出上厕所的第一步,还是亲子互动的绝佳手册。

毕竟不是哪本书都能让你随身携带一个"蹲便池"的。

4.3.2 教会孩子表达情绪的本领

无论孩子处于哪个成长阶段，妈妈们心中都有一个共同的诉求：就是如何帮助孩子学会控制情绪。

然而，"控制情绪"这四个字可能并不准确，因为情绪如同吃饭和睡觉一样，是生活不可或缺的一部分。我们真正的目标应该是引导孩子学会察觉情绪和表达情绪，并深入探究情绪背后的原因，从而找到解决问题的途径。这样，孩子就能在与情绪的互动中健康成长，学会更好地与自己的情绪相处，而不是简单地控制它们。

这一小节将给大家提供很多读懂孩子情绪的绘本，以便能更好地帮助大家了解，情绪对于孩子来说意味着什么，又该如何教会孩子表达情绪，以及学会用情绪来求助。

📖 故事帮帮忙：

你永远也想不到，孩子哭泣的原因会有多少：因为摔倒，哭了；因为撞倒，哭了；因为吵架，哭了；因为挨骂，哭了；因为懊恼，哭了；因为迷路，哭了；因为高兴，哭了；因为害怕，哭了……

可是大人为什么不哭呢？就算菜刀切到手也没哭。明明眼泪从

第 4 章　你期待的成长，都是孩子必备的能力

眼睛里流下，滑落在枕头上，也说没哭……

对成人来说哭是一件奢侈的事儿，因为它更多地代表了一种罪过。但对于孩子来说，想哭就哭是多么棒的一件事儿，甚至还可以是一件开心的事儿。

《哭了》这本绘本你一定不要错过。它会带你回到童年，回到那个情绪可以肆意流淌的时光，它也会让你对孩子的泪水和情绪多一点点理解。

气球小熊没事的时候，就只是普通的小熊。可是，一旦受到惊吓，就像气球充了气，越胀越大。唔唔唔！啪——砰！然后泄了气，变得软趴趴。但只要用力吸，就又变回了可爱的小熊。

气球小熊生气的时候，就像气球充了气，越胀越大。噗噜噗噜！啪——砰！然后还是泄了气，变得软趴趴。但只要喝了水，就又变回了可爱的小熊。

气球小熊难过的时候……

气球小熊高兴的时候……

你会发现《气球小熊》简直就是孩子的翻版，在各种情绪里翻转、跳跃，乐此不疲。这本绘本用一种类似节拍性的处理方式，为孩子呈现了情绪的发生、发展、高潮以及结局。你会从这个故事里看到，情绪没有好坏，它只是一种心理体验而已。关键是，你要怎么转化和面对。

《我的情绪小怪兽》展示了把情绪这个看不见摸不着却能感受

父母省心手册：让孩子顺利进入幼儿园

到的心理体验具象化的过程。

快乐，就像太阳一样明亮，和星星一样闪耀，很容易感染身边的人。快乐的时候，你会哈哈大笑，想跳起来，想出去玩，还想和朋友们分享你的快乐。伤心，像湿答答的下雨天，让人变得无精打采。伤心的时候，你只想一个人躲起来，什么事都不想做……

给情绪命名并分类，再跟场景搭配起来，你就会发现，那些乱糟糟的说不清道不明的感受也没那么讨厌啦。

情绪互动小游戏：

1. 情绪小怪兽角色扮演

材料准备：

- 情绪小怪兽卡片或图片（快乐、悲伤、生气、惊讶、害怕等）
- 情绪表情的面具或贴纸
- 玩具或其他小道具

游戏玩法：

- 向孩子介绍情绪小怪兽卡片，并解释每个小怪兽代表的情绪。
- 让孩子选择一个情绪小怪兽的面具或贴纸，并尝试模仿那个情绪的表情。
- 家长或另一个孩子扮演另一个情绪小怪兽，并与孩子进行简单的对话或角色扮演。例如："嗨，我是快乐的小怪兽，你今天开心吗？"

第 4 章　你期待的成长，都是孩子必备的能力

● 可以用玩具或其他小道具来创造情境，让孩子更好地理解和表达情绪。

游戏目的：

通过角色扮演，帮助孩子识别和理解不同的情绪。

2. 情绪小怪兽分类游戏

材料准备：

● 情绪小怪兽卡片或图片

● 情绪分类盒（可以用纸盒或塑料盒自制，并在盒子上画上相应的情绪表情）

游戏玩法：

● 将情绪小怪兽卡片放在地板上或桌子上。

● 给孩子介绍情绪分类盒，并告诉他们每个盒子里应该放哪种情绪的卡片。

● 让孩子将情绪小怪兽卡片放入对应的情绪分类盒中。

● 可以逐渐增加卡片的数量和复杂度，提高游戏的难度。

游戏目的：

通过分类游戏，增强孩子对情绪的识别和理解能力。

3. 情绪小怪兽表情接力

材料准备：

● 情绪小怪兽卡片或图片

● 一个小球或毛绒玩具作为接力棒

游戏玩法：

- 家长和孩子面对面坐着，中间放一张情绪小怪兽卡片。
- 当家长说"开始"时，孩子要快速看卡片上的情绪，并模仿那个情绪表情。
- 接着，孩子将小球传给家长，家长也要模仿卡片上的情绪表情。
- 轮流进行，直到所有的情绪小怪兽卡片都被模仿过。
- 可以适当增加卡片数量或变化速度，增加游戏的挑战性和趣味性。

游戏目的：

通过快速反应和模仿，增强孩子对情绪的感知和表达能力。

这些游戏旨在帮助三岁的孩子通过互动和玩耍的方式，更好地理解和表达情绪。希望您的孩子会喜欢这些游戏！

4.3.3 告诉孩子勇敢做自己

当孩子踏入新环境时，无论是幼儿园还是社交圈，他们都需要面对无数的适应挑战。这些挑战可能源自对未知的好奇，也可能来自陌生环境的摩擦，以及与同龄人的互动。在这个过程中，孩子可能会感到挫败、不安甚至迷茫，但这也是他们成长的必经之路。

为了帮助孩子更好地适应新环境，我们不仅要教他们如何掌握新的技能和知识，更重要的是要帮助他们进行心理建设，让孩子明白自己的价值，接纳自己的独特性，同时也学会欣赏他人的不同。

故事帮帮忙：

《独一无二的你》讲述了在小鱼丹尼独自出发去探索世界之前，爸爸和妈妈把如何在坚持自己的同时也与他人和谐相处的人生的智慧和幸福的秘诀分享给丹尼。带着父母分享给它的美好和智慧，小丹尼迫不及待地出发了。它会遇到什么，又会有怎样的体验和感受呢？

《独一无二的你》和《勇敢做自己》，虽没有长篇大论，但字字珠玑、意味深长。鲜艳的色彩和暖心的文字会让孩子沉浸在那个奇妙的时空中，金句一般的智慧可能不是他们当下所能理解的，但智慧的种子已经悄然种在了心里。

《噘嘴巴的大头鱼》简直就是一部好玩儿、好看又好读的情景剧，直接把五彩斑斓的海底世界搬到了你面前。清透的海水、热闹的住民、尖刻的相遇、忧郁的躲闪……看着看着便随着大头鱼的自卑步步紧退、退无可退，却被突如其来的翻转惊艳了双眼！

鱼小姐的一吻肯定了大头鱼的噘嘴巴！原来它不只是闷闷不乐、无精打采的代名词，也是神采奕奕、光彩照人的存在本身！无论怎样的你都有自己的独特魅力，爱的魔力会让你勇敢做自己！

📝 **笔记栏**

第5章

你忽视的力量，可能是孩子的成长助推器

你是否也有这样的体验，家中的爷爷奶奶和姥姥姥爷对孩子充满爱意，他们习惯于用自己过去的方式来养育孙辈，但那份深深的宠溺和偏爱难免会与现代的教育理念之间产生冲突，这似乎在一定程度上增加了你育儿的难度。

你是否感受到自己整天忙碌于各种琐碎中，孩子的爸爸也是家长，但大多数时候却成了摆设，一边自嘲是"丧偶式育儿"，一边又默默操持起家务照顾孩子。

你是否曾经期待多生一个孩子让他们相互之间有个照应，现实却往往是两个孩子之间明争暗斗，让你感到疲惫不堪。

这些力量并非全然是挑战。若你能够善用这些来自上一辈的关爱，将其转化为孩子成长的助力；通过合理的家庭分工和沟通让父亲更多地参与到育儿中来；通过正确的引导和教育让孩子之间学会相互尊重、相互支持，那么育儿之路或许会更加顺畅。

第 5 章 你忽视的力量，可能是孩子的成长助推器

5.1 上一辈人对孩子的偏爱用好了就是助力

没有一个长辈是不疼爱自己的孙辈的，但隔代教养总是有很多的问题。比如因为对孙辈的过度溺爱而忽略培养孩子的独立性和自我管理能力；因为年龄和时代背景的差异，教育观念与现代教育理念存在冲突；再比如，会以之前的教育方法想当然地一刀切，忽视孩子的个体差异，限制孩子的发展空间……

如果你关注到了隔代教养的弊端，最好的办法就是"权利回收"，凡事亲力亲为。但凡如果因为人手问题和时间问题，必须借助父母和公婆之力，就必须学会跟他们相处和调配的能力。

所以先放下你的敌对和抱怨情绪，来看看长辈带娃都有哪些意想不到的优势：

优势一，长辈通常拥有丰富的生活经验和知识，能为孩子的成长提供宝贵的指导；

优势二，他们稳定的情感支持能给孩子带来安全感，有助于孩子形成健康的心理状态；

优势三，他们还承载着传统文化的印记，无论是时间还是经历，都可以给孩子创造更丰富的生活体验。

善用即为助力。长辈对孩子的偏爱，其实是一种很宝贵的力量，

我们要做的就是明确职责、合理分工，将长辈的偏爱转化为孩子成长的助力。

5.1.1　家庭成员步调一致先要做到这一点

家庭是一个系统，如果家庭中成员的步调一致，育儿的每一个动作都会有加倍的效应。如果彼此理念不统合，相互之间有竞争或隔阂，则会抵消教育的效力。因此，家庭成员之间的配合和支持，是在育儿之前要去完成的准备工作。

1. 在一套语言系统里对话

别说隔代教养，就算是夫妻两个人，在面对育儿的问题都会有意见相左的时候。想要减少家庭成员之间的消耗，千万不要等具体问题发生的时候再去分辨谁对谁错。而是在面对孩子之前先通过家庭会议、共同成长等方式解决信息不同步、沟通诉求难等基础问题，达成对育儿理念、方法和目标的共识，使用共同的育儿理念，避免因为信息不对称导致的误解和冲突。

2. 明确不同场景的主要负责人

很多时候的冲突起源于权责的不相匹配。"我觉得我付出了很多，你却没有认可；你觉得你界限分明，我却觉得你冷酷无情。"一旦掉入自己的感知和习惯里，无论如何努力，结果都会事与愿违。不如从一开始就根据家庭成员的特长和兴趣，明确在不同场景下的主要负责人，比如学习成长、生活起居、娱乐户外等不同场景都有专人负责。在分工合作的基础上，家庭成员之间的相互支持和默契配合会逐渐形成，才会共同面对育儿过程中的挑战和困难。

3.请适应孩子的心智模式，而不是让孩子来适应你

"为什么孩子这么不听话，说让收拾玩具总是当耳旁风。"我们前面讲过，不是孩子不听话，而是他还没听懂你的表达。所以，作为家长，你一定要时刻谨记一点，孩子的心智发展有他的阶段和规律，请你认真倾听孩子、感受孩子真实的感受和需求，以调整自己的行为和态度，帮助孩子更好地成长。而不是以一个过来人的姿态，强加你的期望给孩子。

亲子教育不是一个我说你听的简单过程，也不是听几次亲子教育的讲座就能解决亲子沟通的问题。亲子教育是整体性、全面性的过程，它需要我们不断学习和实践，并在实践中掌握规律、调整状态。

故事帮帮忙：

绘本《先左脚，再右脚》从隔代教养的角度展示了亲情的珍贵和美好，同时也启示我们在面对隔代教养过程中的挑战时要有勇气去面对和克服，共同享受孩子成长的快乐。

巴比的名字是根据爷爷的名字取的，巴比学会的第一个词就是"巴柏"，巴比学走路是爷爷教的，巴柏最喜欢看巴比搭积木。可是，巴柏突然中风住院，巴比因为爷爷的病情而感到害怕和无助……这本绘本讲述了爷孙之间的亲密无间，也呈现了人生中的重大挑战。

面对爷爷的病情，巴比没有选择逃避，而是选择陪伴在爷爷身边，给予他情感上的支持。这种陪伴不仅让爷爷感到温暖，也让巴比在成长过程中学会了责任和担当。这份勇气和成长让他们更加珍惜彼此之间的温暖和幸福。

5.1.2 隔代抚养衔接入园有一关最难过

如果你的孩子是由爷爷奶奶或姥姥姥爷带大的，入园时最难过的一关并不是孩子的适应问题，而是老人的"心一下就空了"。

孩子曾是他们生活的重心，每一个笑脸、每一份成长、每一点进步都是老人们最大的快乐和骄傲。当孩子入园后，这种日常的陪伴和互动会突然减少，一种前所未有的空虚和寂寞会让他们生出各种流连和不舍。

他们可能会频繁地打电话询问孩子在幼儿园的情况，或者提前到幼儿园门口等待接孩子放学，甚至在孩子回家后仍然无法放下心来。这种过度的关注和担忧不仅无助于孩子的独立成长，还可能会给孩子带来不必要的压力和困扰。

<u>更重要的是，他们的这种失落感还可能会传递给孩子，让孩子在入园时感到更加不安和焦虑。</u>孩子会感受到他们的担忧和不舍，进而对幼儿园产生恐惧和排斥心理。这种情绪会影响孩子的入园适应过程，让孩子更难以融入新的环境。

所以，帮助孩子顺利入园也要关注到长辈的情绪状态。要让

他们知道入园是孩子成长过程中的一个重要阶段，是孩子逐渐独立和成熟的过程。家里所有的人都要给予孩子足够的信任和鼓励，让他们相信自己能够适应新的环境。同时，也要及时让长辈了解到园所和老师的情况，让长辈更加放心地把孩子交给幼儿园照顾和教育。

此外，一定要让长辈明白，虽然孩子入园后陪伴他们的时间会减少，但这并不意味着他们与孩子之间的情感联系会减弱。也可以鼓励长辈多参加一些社交活动或者培养一些兴趣爱好来充实自己的生活，减轻失落感。

故事帮帮忙：

小猪阿文想要给远在千里之外的奶奶邮寄一个"抱抱"，因为这是最能够表达自己对奶奶爱的方式。这种纯粹而直接的情感表达要如何完成呢？"我要送她一个真正的抱抱，我要抱抱邮递员，再请他把这个抱抱给奶奶。"

《会飞的抱抱》通过"邮寄抱抱"的奇幻情节，展现了祖孙之间跨越距离的情感联系。创新的情感表达方式，既展现了阿文的智慧和创意，让人感受到祖孙之间那种无须言语就能理解彼此的深厚情感。而奶奶收到阿文的抱抱后用一个吻来回应孙子的爱，这种情感的回馈和传递，让人深深感受到隔代之间的情感联系是如此的深刻和美好。

5.1.3 把担心化为鼓励,才能正向影响孩子

隔代抚养作为当前非常普遍的主流方式,为许多家庭提供了重要的支持。根据中国老龄科学研究中心的相关调查数据,我国参与隔代抚养的老年人比例高达 66.47%,这表明照料和抚育孙辈已经成为许多老年人晚年生活的重要组成部分。

然而当谈及隔代抚养时,你是不是一边不得不依靠他们的力量,一边又在不停担忧老一辈的教育方式可能跟不上时代的步伐,会对孩子的成长产生不良影响,又或者长时间照顾孩子会让他们感到身心疲惫,甚至可能影响到身体健康。

事实上,已有研究指出隔代抚养可能会促使老年人提早退休、减少甚至放弃休闲活动,并造成他们在隔代抚养与社会参与之间的角色转换困境。但是如果你能改变视角,将担心转化为鼓励,就可以为长辈和孩子带来正向的影响。

首先,肯定长辈在隔代抚养中的贡献。他们的经验、智慧和爱是无法估量的,即使他们的做法与你有所不同,你也要相信他们是以最真挚的心在关爱和教育孩子。

其次,要让孩子看到长辈的智慧和付出,尊重他们的育儿方式,给予他们充分的信任和支持。这样的家庭氛围会让孩子更加感激和尊重长辈,也能让长辈感受到自己的价值和被需要。

通过将担忧转化为鼓励,我们可以为长辈和孩子营造一个更加

第 5 章　你忽视的力量，可能是孩子的成长助推器

和谐、积极的隔代抚养环境。这样的环境不仅能促进家庭成员之间的情感联系，还能为孩子的成长提供更全面、更健康的支持。

📖 故事帮帮忙：

《爷爷一定有办法》是一本讲述爷爷与孙子约瑟之间情感纽带和创造力的绘本。故事中，爷爷总是能够巧妙地利用旧物为约瑟创造出新的有用的物品，向约瑟传授勤俭节约物尽其用的生活智慧。这种智慧的传承不仅让约瑟学会了珍惜和感恩，也让他在日常生活中学会了创造和解决问题。爷爷和约瑟一起动手制作新的物品，享受创造的乐趣，不仅增强了祖孙之间的亲密感，也激发了约瑟的好奇心和创造力。无论约瑟遇到什么问题，他总会想到爷爷，相信爷爷一定有办法。隔代之间深厚的情感和相互的信任很好地传递了隔代教养的积极信息，深刻揭示了隔代教养的智慧和乐趣。

5.2 丧偶式育儿可能并不全是爸爸的问题

现实生活中，妈妈为家务和育儿付出很多，有调查数据显示：在 2000 个样本中，超过 55% 的家庭，由妈妈充当陪伴孩子的主力，而爸爸陪伴孩子较多的家庭仅占 12.6%。"丧偶式育儿"从自嘲吐槽上升为一种普遍的社会现象，代表了家庭教育中一方的显著缺失。

在许多丧偶式育儿的家庭中，父亲往往扮演着缺席者的角色。他们可能因为工作或其他原因，无法参与到孩子的日常生活和教育中，导致孩子缺乏父亲的陪伴和关爱。即使父亲在家，也可能因为缺乏与孩子的互动和交流，成为"隐形爸爸"。他们可能对孩子的教育问题漠不关心，或者只在孩子出现问题时才进行干预，这种角色会对孩子的成长产生不利影响。

丧偶式育儿一方面是因为传统的性别角色分工，认为男性应该负责赚钱养家，而女性则应该负责照顾孩子和家庭。这种观念导致部分父亲在家庭中缺乏参与感，认为自己不需要过多地参与孩子的教育和生活。另一方面，现代社会的竞争压力越来越大，部分父亲需要花费更多的时间和精力在工作上，导致他们无法兼顾家庭和孩子。

第 5 章　你忽视的力量，可能是孩子的成长助推器

还有一些父亲可能缺乏育儿知识和经验，不知道如何与孩子互动和交流，从而选择逃避或忽略自己在育儿中的角色。还有一些男性可能过于依赖母亲，缺乏独立性和责任心。这种特质导致他们在成为父亲后，仍旧无法承担起应有的责任和义务。

5.2.1　爸爸不是不想参与，只是不知道能做些什么

在育儿过程中，我们常常看到妈妈们扮演着更为活跃和主导的角色，而爸爸们则显得相对被动。这并不是因为他们不想参与，而是因为缺乏相应的育儿知识和经验。

不知道如何与孩子互动、如何回应孩子的需求、如何有效地教育孩子，这种缺乏知识和经验的状态让他们感到不自信，难以找到参与的切入点。即便尝试参与，由于方法不当或缺乏鼓励，效果可能并不理想，从而容易在育儿过程中感到挫败并放弃。

如果你想改善这种情况，建议由夫妻双方共同承担育儿责任，那么提高父亲的育儿参与度、让孩子感知到父亲对于家庭的重要性，就是你的必修课。

你可以主动与另一半分享自己的育儿心得和经验，帮助他了解孩子的需求和喜好，也可以共同探讨育儿策略，一起照顾孩子的饮食起居、陪伴孩子玩耍和学习等。这将有助于增强另一半与孩子的亲密关系，提高他的育儿参与度。

在父亲尝试参与育儿时，母亲和其他家庭成员应该给予鼓励和

支持，认可他的努力和付出，让他感到被重视和尊重。夫妻双方也可以根据彼此的特长和兴趣，制定明确的育儿分工，让丈夫更清楚地了解自己在育儿过程中的角色和责任。

1. 让孩子更好地了解爸爸

《我爸爸》通过夸张和趣味性的描绘，展示了爸爸在孩子心中的高大形象：爸爸不仅是勇敢的、强壮的、聪明的，还是温柔的、快乐的、多才多艺的。这种形象让孩子看到爸爸的多面性，增进对爸爸的了解和亲近感。

《爸爸去上班》以孩子的视角和想象，为爸爸勾勒出不平凡的上班历程。绘本中的爸爸不仅是一个努力工作的人，还是一个对自然万物都充满温情的人。他向鱼儿问好，与流浪猫分享午餐，这些细节展现了爸爸的温情与责任，让孩子看到爸爸不仅是一个工作者，更是一个有爱心、有责任感的人。

《我的爸爸叫焦尼》展现了离异家庭儿童的生活现实。绘本中爸爸对狄姆的爱的回应和离别时的不舍之情，让孩子看到即使爸爸不在身边，爸爸也仍然很爱他。这种情感表达能够让孩子更加珍惜与爸爸相处的时光，并理解爸爸的不易。狄姆所表现出的快乐、积极的生活面貌和情感态度，也能够给离异家庭儿童有益的启示和鼓励，让他们知道即使家庭结构发生了变化，但父爱依然存在，他们依然可以快乐、健康地成长。

无论是故事中还是生活中，让孩子看到、了解爸爸的多面性和复杂性,不仅能够增进孩子对爸爸的了解和亲近感,还能够激发孩子的想象力和创造力,给予孩子有益的启示和鼓励。

2. 给爸爸安排力所能及的任务

《天天游戏力》不仅是一套亲子共读的绘本,还是一套实用的操作指南,不仅为孩子描述了丰富的游戏场景和乐趣,也为爸爸们提供了参与和陪伴孩子的方式。通过参与游戏设计、共同准备游戏材料、引导游戏过程和分享游戏感受等任务,把18个常见问题场景设计在游戏中,比如不爱吃饭、害怕某个东西、不起床和抢玩具等,在互动中深入了解并影响孩子,从而建立更紧密的亲子关系。

让爸爸参与育儿还要注意非常重要的一点是,不仅要告诉他干什么,还要明确怎么做。等他真的适应以后再去放手,你就会发现爸爸的想象力和创造力远远超乎你的想象。

3. 给爸爸至高无上的荣誉

孩子眼中,爸爸就是无所不能的那个存在,是最最崇拜的偶像。

绘本《哒哒哒 爸爸超人》通过三个独立的故事,塑造了一个超人爸爸的形象。这个超人爸爸能打败破坏房子的怪兽加巴拉、踩瘪足球的怪兽瓦鲁达以及来地球抢夺土豆的外星人波斯特,这些富有想象力又充满趣味性的故事,能让孩子们在欢笑中感受到爸爸的英勇和力量,进一步增强了对爸爸的崇拜和敬仰。

绘本《我爸爸超厉害》通过小动物的视角强调了爸爸的独特之

处。每个小动物都有对爸爸的看法和喜爱之处，如强壮、温柔、游泳技术好……这些描绘让孩子感受到爸爸的独特魅力，进而更加崇拜和敬仰自己的爸爸，从而建立起更深厚的父子关系。

5.2.2 像允许孩子犯错一样，也请允许爸爸犯错

<u>像允许孩子犯错一样，也请允许爸爸犯错，这是一个非常重要的家庭教育观念。</u>这种观念强调了在家庭教育中对爸爸和孩子的宽容和理解，以及为他们提供成长和学习的空间。

孩子和爸爸在成长和学习的过程中都会犯错，这是不可避免的。孩子犯错时，我们通常能够给予他们宽容和理解，鼓励他们从错误中学习，因为他们正在成长和积累经验。然而，当爸爸犯错时，我们有时可能会忘记他们也需要这样的宽容和理解。

允许爸爸犯错，意味着我们承认爸爸也处在学习和成长的过程中。他们可能不像母亲那样拥有丰富的育儿经验，但他们同样有权利在育儿过程中尝试、学习和成长。当他们犯错时，我们应该给予他们同样的宽容和理解，而不是指责和批评。

这种宽容和理解对于爸爸来说是非常重要的。它能够帮助他们减轻育儿过程中的压力和焦虑，增强他们的自信心和积极性。同时，它也能够促进家庭关系的和谐和稳定，让孩子感受到家庭中的温暖和支持。

当然，允许爸爸犯错并不意味着我们可以放任他们的错误不管。

相反，我们应该积极地与他们沟通，帮助他们认识到自己的错误，并一起寻找解决问题的方法。这样的过程不仅能够促进爸爸的成长和学习，还能够增强家庭成员之间的沟通和信任。

故事帮帮忙：

《你看起来好像很好吃》的主要角色是一只凶猛的霸王龙，一次偶然的机会他遇到了一只小甲龙"很好吃"。霸王龙出于本能想要吃掉"很好吃"，但当他听到"很好吃"喊出的一声"爸爸"时，他的心被深深地触动了。从此，霸王龙成为"很好吃"的爸爸，尽力去学习如何照顾一个草食系的恐龙宝宝。

霸王龙在遇到小甲龙后的成长和变化，不仅体现了他对"很好吃"的关爱和责任感，也展现了他作为一个父亲在育儿过程中的成长和进步。这种家庭温暖和亲情的传递，也让读者更加深刻地理解到，家庭的温暖和亲情的重要性以及每一位家庭成员被爱包裹所带来的奇迹。

5.2.3 长时间加班出差，怎么才能不做隐形爸爸

长时间加班出差确实容易让男性在家庭中成为"隐形爸爸"，要避免这种情况，可以从以下几个方面努力：

（1）无论多忙，都要与家人保持定期沟通，通过电话、视频通话或短信等方式，与家人分享自己的工作和生活，让家人感受到

你的关心，也能让你及时了解家庭的需求。

（2）尽量设定专属的家庭时间。例如在周末或晚上空闲时，与家人共进晚餐、看电影或玩游戏。这些时间可以让你们更加亲近，也有助于加深彼此的了解。

（3）可以通过与孩子的老师保持联系，了解孩子在学校的表现。也可以利用出差的机会，给孩子带回一些特别的礼物或分享自己的见闻，让孩子感受到你的关注和爱。

（4）与孩子分享自己的工作和出差经历，让他们了解你的工作性质和内容。这不仅可以增加你们之间的共同话题，还可以让孩子更加理解你的辛苦和付出。

故事帮帮忙：

李先生是一个好爸爸，他很爱自己的家人。他是一位编辑，因为工作需要经常出差。有一次，李先生出差途中忙完一天的工作后，便开始想念家人。这时候，神奇的事情发生了——李先生打开行李箱，他的太太竟然从里面走了出来。两人度过了美好的晚餐时光后，妈妈牵挂起了自己的小女儿，于是又从随身带的皮包中把她抱了出来。小女儿想要哥哥陪她一起玩，于是从小背包里把哥哥拉了出来。接着，哥哥也打开了背包，里面蹦出了另一个家庭成员——小狗。原来，每个人都有自己心中牵挂、想念和放不下的对象，而原本冷清的房间也因为这一连串神奇的变化，变得像在家里一样温暖和热闹。

第 5 章　你忽视的力量，可能是孩子的成长助推器

《李先生出差记》通过具有神奇魔法的行李箱和包包，将一个个家人带到身边，使得身处异地的家人之间充满思念和浓浓的牵挂。

笔记栏

5.3 手足之间的影响可能超乎了你的想象

在家庭中,每个孩子都会被赋予一定的角色和期待。这些角色和期待可能来自父母的期望、社会传统或兄弟姐妹之间的相互影响。对于三岁孩子来说,他们开始意识到自己在家庭中的位置和作用,并尝试去扮演这些角色。兄弟姐妹之间的相互影响会加深他们对家庭角色和期待的理解与认同。他们会仔细观察兄弟姐妹的行为、语言和情绪表达等,并尝试模仿。这种模仿和学习过程不仅帮助他们更快地掌握新技能,还影响着他们的价值观、性格特质和情绪管理能力的发展。

在这个阶段,他们开始主动与其他孩子建立关系,学习基本的社交规则和互动方式。兄弟姐妹是他们最早的社交伙伴,他们之间的互动和相处模式会为孩子提供一个重要的学习平台。在他们经历分离焦虑、自我认知混乱等情感问题时,兄弟姐妹的陪伴和支持能够为他们提供情感上的安慰和安全感,有助于他们建立稳定的自我认同和情绪管理能力。

5.3.1 谁说老大就应该懂事儿，毕竟他才三岁

> "我就上厕所的工夫，老大朵朵照着老二的脸就连拍巴掌，一边打还一边说'让妈妈每天抱你！让妈妈每天抱你！'"
>
> "这几个巴掌拍在老二脸上，却把我拍醒了，朵朵再怎么样也还是个三岁的孩子呀，她对妈妈的需要还没有满足，我生老二以后确实有点忽略她的感受了。"

这是刚刚入园的朵朵妈妈在接园时跟妈妈们分享的亲身经历。

其实不只是朵朵，有很多家庭的孩子因为弟弟妹妹的出现，瞬间就被家人赋予了各种理所应当。比如，你都是哥哥姐姐了，那要照顾弟弟妹妹吧，要成熟懂事吧，要做出表率吧；你都上幼儿园了，要学会分享合作吧，要听从执行吧，要遵守规则吧。

这些要求听上去似乎很有道理，他们的认知、情感、社交技能也确实都在迅速发展，但事实上，三岁的小朋友还做不好老大这个角色。因为这个年龄段更多的是处于自我中心阶段，难以理解他人的需求和感受。

他们的决策能力和问题解决能力往往只能源于自己的直接经验和直观感受，难以做到全面考虑和权衡利弊。所以，如果没有接受

过相关的教育和训练,他们并不能理解为什么弟弟妹妹来了爸爸妈妈对自己的态度就不一样了,他们也不知道如何处理跟弟弟妹妹的冲突和纠纷,更别谈作为老大需要承担哪些责任和义务,该怎样履行这些责任和义务。

故事帮帮忙:

绘本《小凯的家不一样了》以主人公小凯的视角讲述了家中新增弟弟或妹妹后,家庭结构和生活方式发生的变化。这种变化不仅体现在物质层面上,如房间的调整、家具的增减,更体现在家庭成员之间的互动和关系上。通过小凯的眼睛,我们可以看到他如何适应这种变化,以及他如何与新的家庭成员建立联系。从喜悦与期待,到焦虑与不安,再到接纳与成长,我们可以感受到多胎家庭中的孩子如何面对挑战并成长为更好的自己。

5.3.2 从战争到和平,每一步磨合都是成长

随着家中新成员的到来,二孩家庭的老大仿佛从平静的生活中踏入了未知的战场。弟弟或妹妹的降生,不仅改变了家庭的结构,也打破了老大原有的生活秩序。

起初,老大可能会感到震惊和不安,他习惯了作为家中唯一的焦点,突然之间,这个焦点被分散了。他可能会因为争夺父母的关注和爱而与弟弟妹妹发生冲突,这种"战争"状态让家庭氛

围变得紧张。

随着时间的推移，老大开始逐渐理解并接受这个新成员的存在。他开始学会分享，学会理解弟弟妹妹的需求，学会用更加宽容和包容的心态去面对这个家庭的新变化。这个过程中，他可能会经历很多次的失败和挫折，但每一次的尝试和努力，都是他成长的见证。

当老大真正能够做到与弟弟妹妹和谐相处时，他就已经完成了从"战争"到"和平"的转变。他学会了如何去爱一个比自己更小的生命，学会了如何去理解和包容他人的不同。这些经历不仅让他更加成熟和独立，也让他更加珍惜家庭的和睦与温暖。

因此，对于二孩家庭的老大来说，从战争到和平的每一步磨合都是成长。他们需要在挑战中学会适应和改变，在冲突中学会理解和包容。这些经历将塑造他们更加坚强、独立和有爱心的性格，也将成为他们未来人生道路上宝贵的财富。

故事帮帮忙：

随着妹妹的出生，彼得发现自己曾经独享的关爱和物品被分走了一部分。他的椅子、摇篮、高脚椅，甚至是他曾经的空间，都因为妹妹的到来而发生了变化。这种突如其来的变化让彼得感到愤怒和嫉妒，他试图通过离家出走的方式来表达自己的不满和抗议。然而，离家出走并没有让彼得找到真正的安慰。当他发现自己已经长大,无法再坐进自己的小椅子时,他开始反思自己的行为和感受。

从《彼得的椅子》中,我们可以看到二孩家庭中的老大在面对家庭新成员时所经历的挑战和成长。他们需要从最初的愤怒和嫉妒中走出来,通过磨合和理解来接纳新的家庭成员,并最终实现内心的和平与成长。这一过程虽然充满挑战,但每一步的磨合都是他们成长的助力。

对于父母来说,理解和支持老大的心理变化,帮助他们顺利度过这一阶段,是维护家庭和谐与幸福的关键。

5.3.3 用好榜样的力量,二孩三孩都好养

随着第二个,甚至第三个小生命的到来,如何平衡爱与关注,让每个孩子都能在成长的道路上健康、快乐地前行,成为众多家长面临的课题。

家庭中的第一个孩子往往会经历从独生子女到需要与他人分享父母关注度的转变,他们可能更渴望得到父母的认可、赞赏和专属的注意力。如果老二、老三出生后,父母过于忽视老大的感受,可能会导致嫉妒、愤怒或自卑等负面情绪的产生。老二、老三在成长过程中则需要学会在家庭中找到自己的位置,处理与兄弟姐妹之间的竞争关系,以及应对可能存在的父母偏心的感受。

因此帮助老大适应新的家庭角色,并鼓励他们发展自己的独立

性和领导力；帮助老二老三建立自信心、发展个人兴趣和才能，并学会与他人和谐共处就非常重要。怎么做呢？

<u>最简单的办法就是用好榜样的力量。</u>

孩子天生具有模仿能力，他们通过观察周围人的行为来学习和塑造自己的行为习惯，正面的榜样能够为他们提供正确的行为模板，促使他们形成良好的道德品质和行为规范。看到身边有人通过努力达成目标，孩子也会受到激励，产生追求进步的欲望。

在模仿榜样的过程中，孩子会学习如何与人相处、解决冲突等社交技能。这有助于他们在幼儿园及未来的社会生活中更好地融入集体，建立和谐的人际关系。榜样所展现的价值观、人生态度会潜移默化地影响孩子。通过选择与孩子生活贴近、易于理解的榜样，可以引导他们树立正确的价值观，如诚信、勤奋、善良等。

在生活中，家庭成员就是孩子最直接的模仿对象。<u>每一个家庭成员所呈现出来的生活态度、道德品质、工作精神等无不影响着孩子对这个世界的认知</u>；父母在处理家庭事务、与孩子互动时所传递的信息，就是孩子对这个世界最直观的感受。

鼓励孩子将目光投向更广阔的世界，去发现并学习身边的优秀人物，都能成为激发孩子潜能、培养其优秀品质的宝贵资源。同时，通过共同参与公益活动、志愿服务等，让孩子在实践中感受助人的乐趣，理解责任与担当的重量，从而在他们幼小的心灵中播下爱与奉献的种子。

📖 故事帮帮忙：

戴维曾是一只沉浸在幸福之中的小羊，他的世界简单而美好！爸爸听他唱歌会哭，妈妈看他织毛衣会笑，全家的注意力都在他一个人身上。可惜好景不长，他有了一个弟弟——皮蒂！戴维唱歌的时候，皮蒂哭；戴维创作作品的时候，皮蒂吐在上面！而这还仅仅是开始，后来他又有了11个弟弟！不管他做什么，弟弟们都会学他的样儿做一模一样的事情……

《又有了一个弟弟》无疑是一本深刻描绘手足之间复杂而微妙影响的绘本。弟弟们对戴维的模仿，看似是一种无意识的重复，实则是一种深刻的情感联结和认同。他们通过模仿，试图理解和融入这个家庭，同时也在无形中塑造着自己的个性和兴趣。而戴维在面对弟弟们的模仿时，也逐渐学会了如何成为一个好榜样，如何在保持自我的同时，也照顾和引领着弟弟们的成长。

第 6 章

你以为的问题，可能都不是问题

初为人母的过程犹如一场持续升级的冒险，从最初孕育生命的十个月，到宝宝呱呱坠地，每一步都伴随着新的未知与挑战。从日常饮食起居到亲子间的智慧较量，每一个阶段都充满了学习的机会。当孩子们踏入幼儿园的大门，新的挑战又接踵而至。你会发现原本在家中表现良好的孩子，在幼儿园里却展现出了不同的一面：

为什么在家吃饭香甜的宝贝，在幼儿园却变得挑食？为何家中的小睡神，在幼儿园却难以入眠？为何在家中身体强健的孩子，在幼儿园却容易生病？又或是本来情绪稳定的孩子，为何在幼儿园会变得波动不定？更让父母困惑的是，为何孩子会突然开始说谎或表现出攻击性的行为？

面对这些问题，幼儿园或许会成为家长们首先归咎的对象。但事实上，每个孩子对于新环境的适应程度都是不同的。许多在幼儿园出现的变化只是因为孩子年龄增长所必须经历的。因此，亲爱的家长们，不必过于焦虑。了解孩子，发现问题，往往就是解决问题的开始。

接下来，我们将选取一些家长经常提及的具有代表性的问题，进行深入的剖析与解答。如果你对这些话题感兴趣，不妨继续阅读；如果这些问题并未触及你的困惑，那么也可以选择跳过，直接阅读你更关心的话题。

第6章 你以为的问题，可能都不是问题

6.1 在家情绪稳定，入园阴晴不定，我的孩子怎么了

当夕阳的余晖洒满每个角落，你期待着宝贝放学归来。往常他总是那么乖巧，情绪稳定，就像一个温暖的小太阳。可是自从踏入幼儿园的大门，一切都变得不同了。

每天傍晚，你都会面对一个情绪起伏不定的孩子，没来由地哭闹、生气，让全家人都困惑和无助。

面对孩子的这种变化，你忍不住发问："我的孩子怎么了？为什么他在家好好的，一到幼儿园就变了样？"

其实，孩子的情绪变化并不是无缘无故的。

他们正在经历一个从家庭到社会的转变过程，需要时间去适应这个全新的环境。在幼儿园里，孩子们需要学会控制自己的情绪，融入集体。但回到家中，他们看到熟悉的家人，心中的防线就会放松，可能会因为一些小事就爆发出情绪。这并不是他们在"无理取闹"，而是他们正在寻求一种情绪的释放和安全感。

面对孩子的这种情绪，你首先要做的是理解和接受，不要试图去压制或回避孩子的情绪。当你真正去倾听和接纳孩子的情绪时，就会发现孩子的情绪其实并没有那么可怕，这种情绪反而会随着我们的理解和接纳而逐渐消散。

人的情感世界是丰富多彩的，悲伤与喜悦、愤怒与平和、恐惧与勇敢，它们既是情感的两极，又彼此交织、互为补充。然而在潜意识中，成人常常不自觉地引导孩子去避免或消除他们眼中认为"消极"的情绪，并试图用积极情绪取而代之。

但我们必须认识到，一个人的生命体验是完整的，没有经历过悲伤，便无法深刻体会喜悦的珍贵；未曾正视过愤怒，平和的内心便难以真正建立；不曾面对过恐惧，便难以真正理解勇敢的价值。因此，真正的成长和成熟，在于我们学会正视并接纳内心的每一种情感，包括那些所谓的"消极"情绪，只有这样，我们才能带领孩子真正体验并享受生命中的不同时刻。

故事帮帮忙：

小小熊因害怕黑暗而无法入睡，大大熊一次又一次地拥抱和满足：小小灯、大大灯，可是灯王都点上了也照不亮外面世界的黑呀！面对一个并不容易安定下来的高需求宝宝，绘本《你睡不着吗？》会让你更深入地理解孩子内心的恐惧和不安，从而更加耐心地陪伴和安抚他们。

没有生气没有责备没有焦躁，只是安静地陪伴、温柔地满足，一遍又一遍地安抚。绘本中的大大熊作为家长的代表，展现了一种温和、有耐心的育儿方式，最终帮助小小熊克服了恐惧，安心入睡。你会像大大熊一样，在孩子的情绪状态下始终温和吗？还是你比孩

第 6 章　你以为的问题，可能都不是问题

子更害怕，更不安，更无法控制内心的怒火？

这本绘本虽没有说我们需要用更多的耐心和关爱去理解孩子，但展现出了有效的沟通和细腻的情感交流，让我们看到孩子的情感需求以及积极的情感体验下孩子被保护的温馨和感动，值得我们一读再读。

笔记栏

6.2 孩子去了幼儿园居然学会说谎了，天哪，这可怎么办

> "我家宝宝才三岁多居然学会了说谎！我心里突然好慌啊！小小年纪谎话张口就来，长大了可怎么办呢？"

你是不是认为"说谎"就意味着孩子不诚实？这里告诉大家一个心理学的研究结果——绝大多数孩子都会说谎。说谎是孩子到了一定年龄，随着他大脑发育、认知完善必然会产生的一个现象。

加拿大多伦多大学心理学儿童研究所公布的调查数据显示：两岁的孩子中有30%会说谎；到了三岁，该百分比会上升到50%；至于四岁或者更大的孩子，对他们而言说谎基本上是难以避免的行为。

大部分情况下，孩子们说谎并非出于恶意，他们或是为了逃避责罚，或是不想让父母失望，抑或是要维护自尊心……心理学上将此类无恶意的谎言定义为"白色谎言（White Lies）"。

与大人们通常所理解的不同，孩子学会用"白色谎言"来自我保护，非但不代表他"学坏"了，反而在某种意义上是他心智成长的表现。谎言的诞生，代表着孩子的认知能力和大脑神经系统日趋

成熟；换言之，孩子正变得越来越"聪明"。那些说谎越早、说谎越好的孩子，心智发展和自我控制能力越强。

不过这不意味着家长们可以坐视不理哦！我们先来了解一下孩子说谎背后的原因：

（1）无意说谎，即不知道自己在说谎。

这种情况一般会发生在2~4岁的孩子身上，由于左右脑的发育和连接还不完善，还无法区分什么是真实发生的，什么是想象的，会把"想象"当成"现实"，最常见的表现，就是孩子满嘴"跑火车"，或者夸大某些事物的特点。这个阶段，我们可以称赞孩子想象的有趣，慢慢帮孩子区分想象与现实，随着孩子经验不断积累，孩子就不会再"说谎"了。

（2）牛皮大王：即吹牛皮式的说大话。

这种情况一般会发生在4~6岁的孩子身上。他们已经能够意识到别人的想法可能和自己的不同，但他们的认知发展还是有局限，尤其是情绪早于逻辑思维的发展，他们就会在情绪的驱使下作出反应。这种现象在幼儿园很常见，表现为脱口而出的带有明显幻想痕迹的话，如"我家住了一个花仙子哦。""我爸爸养了一只霸王龙。""我妈妈到过月球上呢！"其目的是希望得到老师和小伙伴的认可。

这种情况下，不要着急打击孩子，也无须太过担心。孩子喜欢编造一些虚构的故事，只是因为在这个阶段，他的想象力超过了自控力,随着年龄的增长这种现象会自然消失。

(3)掩盖事实:逃避责罚的说谎。

6岁以上的孩子可能会开始有目的地说谎,其根本原因是想掩盖"我犯错了"的事实。如果孩子出现了目的性的谎言,我们就需要正视了。如果孩子曾经因为犯错后说了真话而被挨骂挨打,当孩子发现自己做错了事情,开始担心家长会惩罚他的时候,最自然的选择就是说谎。

📖 故事帮帮忙:

说谎并不可怕,可怕的是我们错误的处理方式。这里推荐《我不敢说,我怕被骂》。这个故事很好地还原了小女孩明知自己有全天下最好的爸爸妈妈,仍然在自己做错事情后担心被骂不敢告诉爸爸妈妈真相的心路历程。

把丝袜扯了一个洞,把爸爸准备的应该在幼儿园吃掉的梨丢到了垃圾桶,把尿尿在了妈妈心爱的婚纱上……孩子犯错后的恐惧与不安很容易引起孩子的共鸣,紧接着又被爸爸的话——"不管发生了什么事儿,你都可以告诉我们,有时候,我们会有点生气或难过,但我们永远都是爱你的!还有,你装着一肚子的秘密过完这一天,才是让我们难过的事"所治愈。

好的教育是基于爱和看见的。当孩子不断感受到爱和关注时,就不需要用谎言来吸引注意和逃避惩罚;不需要用谎言来伪装自己和逃避责任；也不需要刻意灌输，就能慢慢理解诚实的可贵。

愿所有父母都能看见孩子，以爱滋养，助其长成诚实勇敢的模样。

笔记栏

6.3 乖乖女也开始说脏话?究竟发生了什么

> "你是坏蛋,打死你。""你是一个大臭屁!"当孩子冷不丁冒出上面的话,你会不会紧张惊讶,感觉他学坏了?

其实,大部分孩子"说脏话"和我们成年人理解的说脏话也是不一样的。

儿童心理学研究表明,一岁多的孩子能发现一个词语与一个外物配对,比如"妈妈!""哎!"孩子在反复的一问一答中感受着语言的指称带来的喜悦。随着年龄的增长,他们很快发现一句话能表达一个意思,对语言的吸纳开始转入主动运用。3~4岁,孩子发现了更有趣的事:语言是有力量的!比如"笨蛋"等,竟然能引起别人的不同反应!这也太有"魔力"了!

通过说脏话来感受力量或吸引别人的关注是儿童学习语言的正常过程,这也是我们常说的诅咒敏感期来了。只不过有的孩子表现得比较平缓,有的则比较激烈。

孩子说脏话,有三种可能:

<u>第一种是在探索语言。</u>也就是说他不明白脏话代表什么,也不了解会给他人带来什么样的感受。这个阶段的孩子,说脏话本意不

是为了去骂人，他们也不觉得自己的表达有"脏"或"不雅"的感觉，而是觉得好玩有趣，并且大人越是制止，孩子越喜欢使用。

第二种是通过脏话找到力量。家人说脏话被孩子听到了，甚至通过脏话宣泄情绪给孩子，孩子在与小伙伴的交往中，就会以脏话的方式，补充被大人吸走的能量。

第三种是吸引注意力。脏话带出来的情感能力很足，小孩子不懂得如何正确表达，只能用这种方式引起他人的注意，这样就会被关注。

当我们了解了孩子说脏话背后的原因，更需要看见孩子"脏话"背后的情绪和需求，只要把握时机恰当引导，就能帮助孩子进一步学会语言使用的规范，获得良好的情绪管理和疏导的能力。

故事帮帮忙：

当你的孩子喜欢开"屎、尿、屁"的玩笑，每次一提就说个没完，你需要做的不是阻止，而是一起来读《呀！屁股》。这本书不仅刚好满足孩子在这个阶段对"粗俗"语言的喜好，同时还能引导孩子正确认识自己的身体，让孩子以一种合适的、不伤害他人的方式来尽情享受这类语言带来的乐趣。

当孩子对你说"滚开""恨你"之类的狠话时，你可以直接告诉孩子你的真实感受，比如"你要不要换个方式好好说话，妈妈听你这么讲真的很难过"。让孩子知道，脏话是会伤害别人的，不是一种好的沟通方式,可以换个词语来表达。比如《快来说"请"吧!》就是以有趣的方式教孩子学会如何言行得体,当孩子能理智地表达出自己的需求,就能避免因愤怒而导致的"狠话"。

如果做了以上种种,孩子依旧反复这样说,你可以明确地告诉他,如果他总是这样说,不仅会伤害别人,还会像《吃脏话的小怪兽》里的小朋友一样失去自己的好朋友,从此变得很孤独。

伤人的话背后往往藏着很多不被看到的情绪和感受。孩子说话带着攻击性也有可能是一种变相诉求,只不过因为表达能力有限,才会选择一些不恰当的表达。所以,作为妈妈的你,不仅要关注孩子的表层意思,更要去关注孩子的内在需求。

笔记栏

6.4 一言不合就动手，是不是个坏宝宝

> "我家孩子总是抢别人的东西，一言不合就动手，搞得我都不好意思了……"

你也有这样的困扰吗？原本可爱的孩子突然就成了今天这般模样，让你既尴尬又无奈，根本不知道发生了什么，也不知道该如何引导。

孩子的攻击行为其实是成长道路上一个必经的阶段，远非"坏宝宝"的标签所能简单定义。任何有意损害他人的行为，包括身体攻击（如踢、打、咬）和言语攻击（如嘲笑、诽谤）都属于幼儿的攻击行为。这些行为可能源于多种原因，背后藏着复杂的动机：

（1）很多孩子爱打人主要是因为缺乏社交技能。想和其他小朋友一起玩但是不知道如何打招呼，不知道如何合作、交换，想寻求老师的帮助却又不知道如何引起老师的注意等。语言和情绪的表达能力还没有完善会让他们用打人、咬人的方式来表达自己的诉求，这个时候跟孩子讲大道理是没用的，他根本就听不明白。

（2）攻击性行为与雄性激素的分泌有一定关系，这在一定程度上解释了为何男孩在攻击性行为上相对更为常见。如果孩子在家

长易怒和动辄打骂的家庭环境下成长,他们可能通过模仿家庭成员、同伴或媒体中的暴力行为来学习攻击行为。

(3) 糖的摄入量过多也与儿童的攻击性行为相关。

如果你的孩子处在这个阶段,创建非攻击性的生活环境、鼓励儿童的亲社会行为(如谦让、帮助、分享、合作等)、重视家庭教育以及培养儿童的怡情能力(即感受、理解和体验他人需求与情绪的能力)就非常重要。

你可以用"我允许你发脾气,你可以捶打这个抱枕"代替"你怎么可以打人、你怎么这么淘气";用"我了解,你可以伤心一会儿"代替"不准哭闹";用"我懂你,我们可以……"代替"再这样我不管你了"……

📖 故事帮帮忙:

绘本《手不是用来打人的》深刻地揭示了儿童心理发展的关键点,以温和而富有启发性的方式向孩子们展示了手的多重功能和价值,并强调了打人行为的负面后果,这种直接而明确的表述,有助于孩子们理解攻击行为的严重性,并促使他们反思自己的行为。更重要的是,这本绘本还为孩子们提供了积极的替代方案。它鼓励孩子们在遇到不满或冲突时,尝试用其他方式来表达自己的情感和需求,让孩子在轻松愉快的氛围中理解道理,并在潜移默化中改变自己的行为习惯。

第6章　你以为的问题，可能都不是问题

绘本《我的大喊大叫的一天！》生动地描绘了孩子面对日常生活中的挑战和不如意时，情绪失控、大喊大叫的情景，可以让孩子迅速产生共鸣。但它并没有停留在这里，将行为定性为"错误"或"不好"，而是以一种温柔而包容的态度展现了贝拉在情绪爆发后的内心世界。即便是在情绪失控的时刻，贝拉依然是被爱和值得被爱的。这种无条件的爱和接纳，对于孩子们来说是一种巨大的安慰和鼓励，有助于他们建立健康的自我认知和情绪调节能力。

笔记栏

6.5 越来越固执,这孩子完全不听劝

> "孩子每天穿衣服时,必须先伸左边袖子再伸右边袖子,如果顺序错了会立刻哭闹,要求脱下来重穿。"
>
> "我家孩子每天盯着鞋架,每个家人的鞋子必须放在固定的位置,一旦有人不小心改变,他会立即察觉并马上重新恢复。"

如果在某一个阶段,你的孩子出现类似"不可理喻"的行为,恭喜你,这是他们到了儿童秩序感形成的关键时期。秩序敏感期是儿童心理发展的一个重要阶段,通常出现在孩子2~4岁之间。在这个阶段,孩子对秩序有着极高的敏感性,他们喜欢事物保持一定的规则和顺序,任何细微的变动都可能触发强烈的情绪反应——从坚决拒绝任何形式的劝慰,到对特定物品的执着追求,乃至对"不"字的频繁使用,无一不彰显着这一时期孩子对秩序的绝对尊崇。这并非孩子本性中的固执或无理取闹,而是他们内心深处对秩序与规则深刻感知与构建的体现。

<u>解决之道在于双管齐下:深刻理解与巧妙变通。</u>理解孩子的情绪背后是对秩序的渴求,是成长的必经之路;而变通则考验着家长

的智慧与艺术，旨在以更温和、更具创意的方式引导孩子适应变化，同时保护他们宝贵的秩序感。

此外，给予孩子足够的自由探索空间，也是支持他们度过秩序敏感期的关键。当孩子尝试独立完成某项任务（如穿鞋子）时，即使过程缓慢或充满挑战，也应耐心等待，只在必要时提供适时的帮助与鼓励。这样的陪伴方式，不仅能够促进孩子自我独立意识的发展，还能加深亲子间的情感联结。

总之，当孩子进入秩序敏感期，家长应以更加开放和包容的心态去接纳和理解他们的"固执"，用爱与智慧陪伴他们走过这段特殊的成长旅程。在这个过程中，你会发现孩子的每一次坚持与探索，都是他内心世界秩序感逐渐成熟与完善的宝贵印记。

📖 故事帮帮忙：

米粒在刷牙、吃早餐、穿外套等日常活动中，都表现出对既定顺序的坚持；对雨鞋、外套等物品的摆放和使用也有着自己的要求；当米粒的秩序感受到威胁时，她会表现出强烈的情绪反应。米吉作为兄长利用米粒的好奇心和想象力将日常活动转化为有趣的情境，通过有趣的语言和游戏来引导米粒接受日常活动的变化，避免了直接的冲突和对抗。

绘本《米吉和米粒的一天》生动地描绘了儿童在秩序敏感期内的行为特点以及家长或兄长的应对策略，为理解和应对这一时期的孩子提供了有益的启示。

笔记栏

第 7 章

家园共育，

促进孩子更好的发展

家庭和幼儿园是幼儿成长的两个重要场所，各有其独特的教育优势。家庭注重情感培养、习惯养成等方面，而学校则更注重知识传授、技能训练等。家园共育通过协同双方优势，实现教育资源的有机整合与互补，构建起多维成长支持体系，促进幼儿在认知建构、情感发展与社会适应等领域的协同进步。

在幼儿园中，幼儿能够接触到各种各样的学习活动和玩耍游戏，在与其他幼儿一起合作、交流和探索的过程中可提交协作能力和社交技巧。在家庭中，家长可以为幼儿提供丰富的家庭教育资源，促进幼儿的智力发展和语言表达能力。通过家庭与幼儿园的共同努力，幼儿能够接触到不同的环境和教育资源，获取多样化的学习和发展机会。

家园共育需要家长投入一定的时间和精力来参与幼儿园的活动和合作。对于一些工作繁忙的家长来说，这可能是一项挑战。然而，为了孩子的健康成长和全面发展，家长需要尽量克服这些困难，积极参与家园共育活动。

7.1 你跟老师的互动方式就是在给孩子植入应对模式

> "王老师,我家××早上去学校的时候还是好好的,放学后发现被蚊子咬了一口,幼儿园就是这样看孩子的吗?"
>
> "××妈妈你好,我们幼儿园每周都会进行杀虫,但是蚊子也不可能完全消灭,夏天被蚊子咬一口也是正常的。"
>
> "那为什么没有咬别的小朋友?"
>
> ……

"我们家××"曾在一段时间成为网络热梗,用来嘲讽一些过度保护孩子的家长。这里也不难看出,当家长把孩子送入幼儿园后,家长跟老师之间的相处和互动方式也是一门必修课。因为3~6岁的孩子正处于社会性和情感发展的关键阶段,他们开始理解并体验复杂的情感,如同理心、信任感及责任感,同时也在学习如何与他人建立和维护关系。

父母与老师之间积极、尊重、合作的互动模式,会为孩子植入一种健康、有效的应对模式,使他们学会在未来的社交场合中采取积极、建设性的沟通策略。当父母与老师展现出良好的合作态度,孩子会更容易学会如何协商沟通、解决问题，以及如何在冲突中保持冷静和理性。

但现实中，很多家长忽略了跟老师的相处模式，只把关注度给到了自己的孩子，比如活动有没有站在C位，吃饭有没有被照顾到，有没有及时提醒孩子喝水，然后拿类似的事情质疑老师的专业和态度，轻则在微信群里质问，重则直接冲到学校。

这样的互动方式看似赢了老师，但实实在在给自己的孩子植入了以自我为中心的认知模式，让孩子认为世界应该围着自己转，也会变得极度依赖，缺乏自我管理和自我负责的能力。这种认知不仅会影响他们未来的生活品质，同时受家长态度的影响，孩子也会对老师的教导产生抵触情绪，从而影响他们的学习效果和成长。

📖 故事帮帮忙：

无论你怎样用心，在孩子的成长过程中是一定会遇到坎坷和挫折的。比如小鼠克丽桑丝美美菊花就因为她的名字太长而且是个花的名字而被同学嘲笑时，她的情绪受到了极大的影响，甚至开始怀疑自己的名字是否完美。这时，新来的音乐老师廷柯老师敏锐地观察到了克丽桑丝美美的情绪变化。她没有简单地忽视或批评，而是用同理心去接纳和理解克丽桑丝美美的困扰，利用音乐剧演出的情境让克丽桑丝美美扮演一朵雏菊的角色。这一安排不仅让克丽桑丝美美菊花在演出中找到了归属感和成就感，还让她在同学们的羡慕眼光中重新找回了自信。

《我的名字克丽桑丝美美菊花》深刻而动人地捕捉到了孩子在学校生活中的内在情绪,以及老师在引导孩子过程中的细心和耐心,是引导孩子亲近老师的有效途径。

笔记栏

7.2 以共建的方式参与幼儿园生活，孩子会为你骄傲

当孩子踏入幼儿园的大门开始他们人生中的一段新旅程时，作为家长，你不仅是家庭教育的第一责任人，更是孩子幼儿园生活中不可或缺的伙伴和支持者。无论是亲子运动会、家长开放日还是节日庆典，共建式的参与都会让孩子感受到家庭的温暖和支持。

"共建"这个词听起来就像是我们和幼儿园手拉手，一起搭积木，为孩子的快乐成长搭建起一座梦幻城堡。这不仅仅是打个电话、开个会那么简单，而是我们亲自下场，和孩子一起奔跑在亲子运动会的赛道上，共享家长开放日的欢乐时光，还有那些让人捧腹的节日庆典，每一刻都充满欢笑和爱意。

在这个共建的过程中，我们不仅是旁观者，更是参与者。和孩子一起完成小任务，就像是在玩一场场有趣的探险游戏，每一次成功都让孩子的小眼睛里闪烁着对我们的崇拜。而在这个过程中，我们也能更贴近地感受到幼儿园的教育魔法，看到孩子一天天成长的奇妙变化。

想象一下，当孩子在幼儿园里学会了新技能，交到了新朋友，那份成就感里也有家长的一份功劳。这些点点滴滴，就像是收集起来的闪亮星星，最终汇聚成孩子心中那片最璀璨的星空。而当他们

抬头看到家长满是爱与支持的笑脸时,心里肯定会大喊:"哇,我的爸爸妈妈太棒了,我为他们感到骄傲!"

所以,家长们,别犹豫了,穿上你的超级英雄披风,一起跳进幼儿园的多彩世界,成为孩子成长路上的超级伙伴和闪亮支持者吧!当孩子兴奋地踏入幼儿园大门开始他们的奇妙探险时,此时看到你为了他的成长如此用心付出,一定会为你感到骄傲和自豪。

故事帮帮忙:

《小魔怪要上学》向我们展示了父母参与幼儿园生活的重要性。小魔怪的父母原本并不支持他上学,他们也从来不陪小魔怪玩游戏,也从来不给他讲故事,但小魔怪对上学充满了好奇和渴望。尽管小魔怪的父母觉得这是很愚蠢的事,但还是带着小魔怪来到了学校,并以"快教这个小笨蛋读书写字,不然我就把你们全吃掉"来威胁老师。随着小魔怪的变化,他们开始意识到阅读和教育的重要性,随后他们不仅参与到读书学习中来,而且也成了最受其他小伙伴欢迎的爸爸妈妈呢!

7.3 家庭和园所目标一致,是孩子成长的重要基石

在孩子成长的道路上,家庭和幼儿园是两个至关重要的环境,它们分别承担着不同的教育角色,但共同的目标是促进孩子的全面发展。当家庭和园所在教育目标上保持一致时,能够让孩子感受到一种连贯性和一致性,从而减少他们在不同环境间切换时的困惑和不安。

家庭和园所在教育目标上保持一致,意味着两者在孩子的认知、情感、社交、身体等多个方面都会进行协同培养。家庭注重孩子的情感教育、生活习惯和个性发展,而幼儿园则更加注重孩子的认知发展、社交技能和身体锻炼。当两者在这些方面形成合力时,孩子的全面发展将得到更加有效的保障。他们不仅能够在知识上不断积累,还能够在情感上得到滋养,在社交上学会合作与分享,在身体上保持健康与活力。

当家庭和园所在教育目标上保持一致时,孩子会感受到来自两个重要环境的支持和认可。这种被重视和被肯定的感觉会极大地增强他们的自信心和归属感。孩子会相信自己的努力和表现是被看重的,从而更加积极地投入到学习和生活中去。同时,他们也会更加珍惜自己所在的家庭和园所环境,愿意为这两个环境贡

献自己的力量。

想象一下，家庭成了孩子情感的小暖炉，每天用爱和鼓励滋养着他们的幼小心灵；而幼儿园呢，则是知识的魔法屋，让孩子在探索中学会新技能，结交新朋友，还锻炼得身强体壮。当这两者紧密协作，会在孩子成长的每一个领域——从奇思妙想的小脑袋，到温暖如春的小心灵，再到活力四射的小身体，都共同编织着成长的奇迹网。

想象一下，孩子每天都能感受到来自家和幼儿园的双重快乐的时刻！他们知道，无论是家里的小小成就，还是幼儿园里的大大进步，都有人为他们鼓掌加油。这种被看见、被听见、被支持的感觉，就像穿上了超级英雄的披风，让孩子自信满满，勇往直前！

你还有什么理由，不为这种稳定的教育环境努力呢？

故事帮帮忙：

迪比上学啦！第一天他就学会了很多的技能，比如排队进教室、把大衣挂在衣钩上，还会在老师点名的时候喊"到"。堆沙堡、唱歌、画画，迪比过得可开心呢！

可是为什么第二天迪比就不愿意去上学了呢？"我已经忘了在哪里排队了，也不记得要把大衣挂在哪里。""等老师叫我名字的时候，我可能会听不见。"

你看，孩子在入园适应期就是会遇到这些琐碎而具体的阻碍，尽管妈妈说"我会把你送到队列里"也无济于事,因为迪比想要一整天都跟妈妈待在一起。

该怎么办呢?迪比会顺利度过抗拒期吗?快来和宝贝一起读《一口袋的吻》吧!你能从里面学到不少配合园所支持孩子的方法呢!

笔记栏

第 8 章

一键直达，200 种绘本

让你的宝贝入园无忧

你已经发现了，每一小节的内容我们都会配一本绘本来帮助你更好地理解孩子。因为绘本对于孩子来说具有极其重要的指导意义，不仅能够激发孩子的阅读兴趣，还能在多个方面促进他们的成长和发展，帮助他们更好地适应幼儿园生活。

选择绘本时，需要根据孩子的兴趣、发展水平和家庭环境进行综合考虑，既要关照孩子的需求，又要适当地规划引导。在共读绘本时，家长要注重互动与引导，让孩子在享受阅读乐趣的同时，也能获得认知、情感和艺术等多方面的培养。

以下是我为家长们推荐的 200 种适合入园期孩子看的绘本，由于篇幅限制，无法一一枚举优秀的绘本故事，更无法一一列出故事的精妙之处。未来，如果您有机会，可以参加我们的陪伴营，共同为孩子的成长保驾护航。

第 1 组

《小熊宝宝绘本系列》《米菲认知系列》《从头动到脚》《抱抱》《噗~噗~噗》

第 2 组

《晚安，月亮》《自己吃饭香喷喷》《小蓝和小黄》《幼幼成长图画书系列》《我爸爸》

第 3 组

《出发，刷牙小火车》《大卫，不可以》《看，脱光光了！》

《数一数，亲了几下》《小金鱼逃走了》

第 4 组

《可爱的鼠小弟系列》《卜卜熊的雨衣》《好饿的小蛇》《光溜溜 穿衣服》《爸爸，再来一次系列》

第 5 组

《小毯子哪儿去了？》《小鸡球球成长绘本（系列）》《一人一半刚刚好》《揉一揉啊捏一捏》《云朵面包》

第 6 组

《猜猜我有多爱你》《刷牙先生，来了！》《这是什么队列？》《小小的早餐》《两列小火车》

第 7 组

《幼儿自我意识敏感期绘本：我不！我不！》《睡觉去，小怪物！》《幼儿园我来啦》《长个不停的腿》《汽车多多多！》

第 8 组

《我的小马桶》《妈妈不知道我的名字》《排队啦，排队啦》《阿立会穿裤子了》《你好，安东医生》

第 9 组

《穿雨靴的小鹅》《小白鱼系列》《月亮的味道》《谢谢你！小帮手》《好饿的毛毛虫》

第 10 组

《9只小猫呼－呼－呼》《鳄鱼怕怕 牙医怕怕》《逃家小兔》

《你看到我的小鸭了吗？》《幼儿园的一天》

第11组

《棕色的熊、棕色的熊，你在看什么？》《我爱幼儿园》《巴士到站了》《爸爸去上班》《我喜欢书》

第12组

《点点点》《阿文的小毯子》《西瓜游泳场》《鸭子骑车记》《海马先生》

第13组

《我可不怕打针！》《好脏的哈利》《小兔子去上学》《出门之前》《夏美变变变》

第14组

《我妈妈》《走开，绿色大怪物！》《山猫医生来了》《没有耳朵的兔子》《你好，理发店》

第15组

《妈妈，打勾勾》《打瞌睡的房子》《好消息 坏消息》《大雨哗啦哗啦下》《光线投影变变变》

第16组

《古纳什小兔（系列）》《乒乒和乓乓钓大鱼》《李先生出差记》《黄色的……是蝴蝶！》《走开，大黑兔！》

第17组

《跑跑镇》《和甘伯伯去游河》《好困好困的蛇》《别让鸽子

开巴士！（系列）》《小猫的幸福盒子》

第 18 组

《不一样的 1》《小猫当当系列》《母鸡萝丝去散步》《眼镜兔子》《红绿灯眨眼睛》

第 19 组

《汽车嘟嘟嘟系列》《火车快跑》《小年兽》《肚子里的肚子里的肚子里有老鼠》《小房子》

第 20 组

《玩具太多了！》《我爸爸超厉害》《儿童之友系列：不可思议的小刀》《啪嗒啪嗒蜗牛》《我妈妈上班去了》

第 21 组

《剪面包的男孩》《生气汤》《开车出发系列》《亲爱的小鱼》《别让太阳掉下来》

第 22 组

《苹果与蝴蝶》《怪物幼儿园》《宫西达也小卡车系列》《谁藏起来了》《跟屁虫》

第 23 组

《请你像我这样做系列》《烦人的兔子》《鲁拉鲁先生的院子》《我的神奇马桶》《我家的房子长头发啦！》

第 24 组

《嗨，身体的各位！》《100 层的房子系列》《小鱼散步》《莎

莉，离水远一点》《呀，拉出了香蕉船》

第 25 组

《团圆》《谢谢你，来做妈妈的宝宝》《一起玩形状游戏》《汽车嘟嘟嘟系列》《动物量体重》

第 26 组

《蚂蚁和西瓜》《天空掉下来了》《已经说过晚安了！》《莎娜的雪火车》《好吃的蔬菜系列》

第 27 组

《幼儿园里交朋友》《妈妈发火了》《海盗从不换尿布》《逛商店街》《巴巴爸爸经典系列》

第 28 组

《三角形滴溜溜（3册）》《魔法亲亲》《14只老鼠系列》《公鸡的新邻居》《蜡笔小黑》

第 29 组

《落叶跳舞》《我讨厌妈妈》《憋不住，憋不住，快要憋不住了》《幼儿园里我最棒》《老鼠邮差成长与哲思绘本系列》

第 30 组

《会飞的抱抱》《尿尿大冒险》《不睡觉世界冠军》《山田家的气象报告》《30层楼的30只猫》

第 31 组

《我的大喊大叫的一天！》《小人儿帮手系列》《于洛先生

《我们是开心的大米》《小爱的连衣裙》

第 32 组

《我不知道我是谁》《请不要生气》《蚕豆大哥的床》《前面还有什么车？》《无论你做什么，宝贝，我一直爱你》

第 33 组

《是谁嗯嗯在我的头上》《大海里我最大》《跟着线走环游世界》《我绝对绝对不吃番茄》《牙虫大搬家》

第 34 组

《加油鸡蛋哥哥》《存起来的吻》《大洞洞　小洞洞》《蝴蝶·豌豆花》《毛喳喳的小药丸》

第 35 组

《肚子里有个火车站》《彩虹色的花》《小兔汤姆系列》《萝卜回来了》《11 只猫系列》

第 36 组

《虎斑猫和黑猫》《山姆和大卫去挖洞》《汉堡男孩》《这不是我的帽子》《水精灵和污泥怪》

第 37 组

《奥莉薇》《古利和古拉系列》《挖土机年年作响 - 乡村变了》《爱哭公主》《七个云朵小人儿》

第 38 组

《我有友情要出租》《西蓝花先生的理发店》《爸爸，我要月

亮》《嘘！我们有个计划》《最喜欢妈妈》

第 39 组

《我们的身体》《妈妈买绿豆》《首先有一个苹果》《宫西达也恐龙系列》《小仙女艾丽斯》

第 40 组

《京剧猫故事连环画系列》《第一次上街买东西》《换一换》《我的情绪小怪兽》《公主怎么挖鼻屎》

后记

当妈 12 年跟绘本打了 11 年的交道，然后又从业 7 年，学习和探索了销售、市场、营销、品牌、商业思维等相关和不相关知识之后，才渐渐明白我们做的原来不是阅读指导，而是绘本育儿。

这两者的区别是什么呢？

阅读指导是以书为本，告诉家长这些书有多好，家长要带着孩子读。而绘本育儿是以孩子为主，基于孩子当前的成长阶段和即将面临的挑战，用绘本作为一种连接家长和孩子之间的工具，为孩子的成长阶段建言。

作为一个行业从业者，我是这种育儿方式的受益者，也是这种育儿方式的引领者和见证者。从读完一本书都困难，到通过读写说去扩大个人的影响力；从将孩子送到爷爷家仅半个小时就陷入焦虑，担忧孩子未来尽毁，到放手鼓励和接纳孩子们在每个阶段的成长；从 30 岁仿佛已预见完全无望的生活状态，到 42 岁辞职举家南迁开启生命的全新挑战，我和我的家人甚至整个家族都在发生着肉眼可见的变化。

而这一切，源于我在孩子 11 个月大的时候，经由闺蜜的推荐遇到了绘本，并探索出了用绘本来为孩子的成长铺垫和规划的育儿方式。

本书的另外两位作者也同样如此，从亲子阅读这个小小的动作开始，整个家庭的成员和氛围都发生了巨大的变化。

当我们把这样的育儿方式推广到更多的家庭时，同样屡试不爽：当你足够了解孩子，也足够了解绘本的时候，仅仅是用这一个工具，就可以解决掉孩子成长中 80% 以上的问题。它改变的不仅是孩子，而是整个家庭！因为当孩子的问题不再是问题的时候，妈妈会有更多的时间和精力用来自我探索和成长。而女主人的状态，很大程度上决定了一家人的状态。

但是，我们做得很艰难。

因为，我们在一个不知道怎么定义自己的市场中前行。

没错，在这本书之前，我相信你会觉得，绘本不过是小孩儿的东西，有什么了不起的，还用得着兴师动众去学习、去研究、去探索？是的，我们亲历的同时也验证了绘本育儿的魔力。它不仅能解决当下孩子的问题，还能持久而深入地影响到成人和儿童的互动、思维、认知模式，让轻松育儿不再是一件艰难的事情，让养育孩子不再是家长的负担，而是一种发自内心的幸福。甚至，受益于绘本育儿的家庭更愿意选择二孩、三孩……

但是，我们一直陷在"绘本"这个极其小众的范围以及市场对

后 记

它的固有认知中——没错儿,你怎么查,它都只是"童书"中很小很小的一个分支。

我们也曾困在"讲绘本就是讲故事"的认知中——毕竟身边的绘本馆都是以组织孩子们以故事会的形式来推广绘本的,大部分的绘本馆又都很难生存。

我们还被各种各样的绘本课程所挑战——毕竟对于家长来说,"花钱解决问题"总比"让我花钱还要让我解决问题"来得更容易!

无数的人告诉过我,你探索的领域太狭窄了,家长不需要绘本,家长只想解决问题。然而,我们手里拿着的绘本就是能真正简单有效且能长久解决问题的钥匙啊!

可是,谁在意呢?在这个3秒抓不住顾客视线你就会被"划"走的时代,在这个五六十万种童书充斥市场的时代……

所以,我从一名绘本馆馆长,到销售方向的讲师,到操盘教育项目,再到学习个人品牌……依然没有打破这个僵局。

但我依旧不甘心!我坚信,绘本真正的价值不在于讲了一个什么故事,而在于它的文学性;绘本真正能让人发生改变不是好听的故事,而是故事背后的心理学。

不是所有的童书都能帮助到孩子!孩子也不需要无穷无尽的阅读!他们只是需要在恰当的时机找到能真正帮助到自己的内容,以便更好地发展而已。

所以，我带着这个课题去了混沌的创商院——大多数的从业者只是陷在绘本本身的专业性中，而我决定把专业和商业结合起来去思考。

在这一次的探索中，我找到了问题的所在。我们需要给专业和市场一个接口，让真正有价值的东西被看到、被使用，成为更多家庭的好帮手。所以，难产三年的写书计划再次被提上日程，而这次出奇的顺利。

特别感谢秋叶大叔写书私房课，从有了写书的打算到这本书真正面世，老师们从未放弃我们的任何一次尝试；

特别感谢混沌创商院，就算是小得不能再小的可能性，领教、助教和同学们都一遍又一遍地耐心打磨，帮我寻找方向；

特别感谢悠贝亲子图书馆和太原悠贝的李喆女士，在我最初进入这个行业的时候给了我足够丰厚的土壤和机会；

特别感谢好奇说这个绘本借阅和妈妈成长平台以及创始人Neo，给了我坚定的认可和势能的支持；

也感谢这一路走来的事业伙伴，一路支持和见证我们成长的会员家长们。

从业7年，我们终于明白，虽然绘本是很好的工具，但脱离了孩子的成长也很难有用武之地。我们关注的始终是孩子，所以，我把这种绘本育儿的方式称为"书适童年"。

后　记

　　如果这本书能帮到你，请你把它传递给更多人。如果这本书改变了你，也欢迎你加入绘本育儿的推广。

　　让我们一起为孩子、为妈妈、为和谐亲密的亲子关系，做点儿什么！

杨阅真

2024 年 10 月

笔记栏